图解
智能网联汽车技术

广东凌泰教育资源股份有限公司　组织编写
安　康　主　编
颜友忠　蔡晓兵　副主编

化学工业出版社
·北京·

内容简介

《图解智能网联汽车技术》包括8个章节，分别介绍了智能网联汽车的定义及发展、环境感知技术、高精度定位技术、高精度地图技术、线控技术、决策规划与控制执行系统、通信技术、ADAS先进驾驶辅助系统。

本书具有较强的综合性和前沿性，适合职业院校相关专业学生以及广大汽车车主、汽车爱好者使用。

图书在版编目（CIP）数据

图解智能网联汽车技术/广东凌泰教育资源股份有限公司组织编写；安康主编；颜友忠，蔡晓兵副主编．—北京：化学工业出版社，2022.6
ISBN 978-7-122-41200-3

Ⅰ.①图… Ⅱ.①广…②安…③颜…④蔡… Ⅲ.①汽车－智能通信网－图解 Ⅳ.①U463.67-64

中国版本图书馆CIP数据核字（2022）第060905号

责任编辑：周　红　陈　喆
文字编辑：孙月蓉　陈小滔
责任校对：刘曦阳
装帧设计：王晓宇

出版发行：化学工业出版社
　　　　　（北京市东城区青年湖南街13号　邮政编码100011）
印　　刷：三河市航远印刷有限公司
装　　订：三河市宇新装订厂
787mm×1092mm　1/16　印张11½　字数274千字
2022年9月北京第1版第1次印刷

购书咨询：010-64518888
售后服务：010-64518899
网　　址：http://www.cip.com.cn
凡购买本书，如有缺损质量问题，本社销售中心负责调换。

定　　价：79.80元　　　　　　　　　　　版权所有　违者必究

前言
PREFACE

互联网时代下技术的发展,成就了汽车更多的智能化应用,而智能化应用也成为了目前汽车发展的趋势。目前所应用的范围一般以智能化和网联化为主,可称为智能网联汽车。智能网联汽车通过通信环境、数据计算、感知环境和执行机构等单元进行行驶,也通过智能传感器、高精度地图、高精度定位技术以及车辆处理器等软硬件的配合,使车辆得到更高的安全性,同时也让驾驶者获得更轻松的驾驶体验。

对智能网联汽车的软硬件进行系统化的划分,有传感系统、决策系统、执行系统等。而在这三个主要的系统中,若用人的肢体语言来描述,传感系统对应的为眼睛和耳朵,例如车辆的摄像头、雷达和智能传感器等;决策系统对应的为大脑,例如车辆的决策单元、数据信息和处理器等;执行系统则对应的为手和脚,例如车辆的驱动系统和驱动部件等。智能网联汽车使车辆接替了驾驶者更多的操作,让驾驶者使用车辆时更便利。

全书共分为8章。第1章介绍智能网联汽车的定义、组成及架构、行业背景及发展趋势。第2章介绍智能网联汽车的环境感知技术,如摄像头、超声波雷达、毫米波雷达、激光雷达等。第3章对智能网联汽车高精度定位技术进行系统组成、方法及应用的介绍,包括全球导航定位技术、差分全球定位系统、惯性导航系统、多传感器融合定位系统等。第4章介绍高精度地图的概念、产生及应用。第5章介绍智能网联汽车的线控技术,包括线控转向系统、线控驱动系统、线控制动系统、线控悬架系统的概念及应用。第6章介绍智能网联汽车决策规划与控制执行系统。第7章介绍智能网联汽车通信技术,包括近距离通信技术(RFID 射频识别技术、NFC 技术、WiFi 技术、蓝牙技术)、中距离通信技术(DSRC 专用短程通信技术、LTE-V 通信技术)、远距离通信技术(卫星通信技术、5G 移动通信技术)、汽车 CAN 通信技术、车联网通信技术。第8章介绍先进驾驶辅助系统(ADAS),具体包括视野改善类(汽车自适应前照明系统、汽车夜视辅助系统、汽车平视显示系统、汽车全景泊车系统)、安全预警类(汽车前向碰撞预警系统、汽车车道偏离预警系统、汽车盲区监测系统、驾驶员疲劳监测系统)、主动控制类(汽车车道保持辅助系统、汽车紧急自动制动系统、汽车自适应巡航系统、汽车自动泊车辅助系统)。

本书内容新颖、通俗易懂,既强调基础,又体现新知识、新技术。在编写上采用图解形式和简约的文字表述,辅以大量图片介绍,图文并茂,直观明了,是一本实用、高效的智能网联汽车技术图解类教程。

本书由广东凌泰教育资源股份有限公司组织编写,安康任主编,颜友忠、蔡晓兵任副主编,参加编写的还有陈文韬、徐永金、于海东、韦梅英、潘庆浩、潘伟君、邓冬梅、何伯平、赵志远等。

本书具有较强的综合性和前沿性,适合职业院校相关专业学生、广大汽车车主及汽车爱好者使用。

由于编者水平有限,书中难免有疏漏之处,恳请广大读者提出宝贵的修正意见和建议。

编 者

目录 CONTENTS

第 1 章 智能网联汽车的定义以及发展　　1

1.1 智能网联汽车的定义　　1
1.1.1 智能网联汽车的定义　　1
1.1.2 智能网联汽车的分级　　3

1.2 智能网联汽车的组成及架构　　5
1.2.1 智能网联汽车的组成　　5
1.2.2 智能网联汽车架构　　6

1.3 智能网联汽车行业背景　　9
1.3.1 智能网联汽车行业背景分析　　9
1.3.2 国内外智能网联汽车发展现状　　13

1.4 智能网联汽车行业发展趋势　　17
1.4.1 智能网联汽车的关键技术　　17
1.4.2 智能网联汽车发展目标　　22
1.4.3 智能网联汽车技术发展趋势　　23
1.4.4 智能网联汽车发展的重点产品　　24

第 2 章 环境感知技术　　26

2.1 摄像头　　26
2.1.1 摄像头概述　　26
2.1.2 单目摄像头　　28
2.1.3 双目摄像头　　29
2.1.4 多目摄像头　　30

2.2 超声波雷达　　32
2.2.1 超声波雷达概念　　32
2.2.2 超声波雷达类型　　32
2.2.3 超声波雷达组成及工作原理　　33
2.2.4 超声波雷达的特点　　34

2.3 毫米波雷达　　35
2.3.1 毫米波雷达概述　　35
2.3.2 毫米波雷达结构组成　　36
2.3.3 调频连续波（FMCW）雷达测量原理　　36
2.3.4 毫米波雷达的工作过程　　37
2.3.5 常用毫米波雷达　　38
2.3.6 毫米波雷达的应用　　39

2.4 激光雷达　　39
2.4.1 激光雷达概述　　39

2.4.2	激光雷达的基本组成和工作原理	40
2.4.3	激光雷达类型	41
2.4.4	激光雷达特点	44
2.4.5	车载激光雷达的应用场景	44
2.5	**红外夜视系统**	**46**
2.5.1	红外夜视系统的组成	46
2.5.2	红外夜视系统分类及工作原理	47
2.5.3	红外夜视系统的应用	47

第 3 章
高精度定位技术　　　　　　　　　　49

3.1	**全球导航定位技术**	**49**
3.1.1	中国北斗卫星导航系统（BDS）	49
3.1.2	全球定位系统（GPS）	50
3.2	**差分全球定位系统**	**52**
3.2.1	差分全球定位系统的概念	52
3.2.2	差分全球定位系统的类型	53
3.3	**惯性导航系统**	**56**
3.3.1	惯性导航系统的定义	56
3.3.2	惯性导航系统组成及原理	57
3.3.3	惯性导航系统的作用	57
3.3.4	惯性导航系统的特点	58
3.4	**多传感器融合定位系统**	**58**
3.4.1	多传感器融合定位技术的概念	58
3.4.2	GNSS 和 INS 融合定位系统	59

第 4 章
高精度地图技术　　　　　　　　　　61

4.1	**高精度地图的概述**	**61**
4.1.1	高精度地图的概念	61
4.1.2	高精度地图行业现状	62
4.2	**高精度地图的产生**	**64**
4.2.1	外业采集（实地采集）	64
4.2.2	云端自动化处理	66
4.2.3	数据编辑与质量控制	67
4.2.4	数据编译与发布	67
4.3	**高精度地图的应用**	**67**

4.3.1	辅助高精度定位	67
4.3.2	辅助环境感知	67
4.3.3	辅助路径规划	68
4.3.4	辅助控制	68

第 5 章
线控技术 70

5.1 线控技术概述 70
5.1.1 线控技术的概念 70
5.1.2 线控技术的优点 71
5.2 线控技术关键技术 71
5.2.1 传感器技术 71
5.2.2 容错控制技术 72
5.2.3 汽车行驶状态和参数的估计 72
5.2.4 汽车网络技术 73
5.2.5 汽车电源技术 75
5.3 线控转向系统 75
5.3.1 线控转向系统概述 75
5.3.2 线控转向系统组成及工作原理 76
5.3.3 线控转向系统应用 77
5.4 线控驱动系统 78
5.4.1 线控驱动系统的概念 78
5.4.2 传统节气门与线控驱动系统的区别 79
5.4.3 线控驱动系统的分类及控制原理 79
5.5 线控制动系统 81
5.5.1 线控制动系统的概念 81
5.5.2 线控制动系统分类、组成及工作原理 81
5.5.3 典型线控制动技术 83
5.6 线控悬架系统 84
5.6.1 线控悬架系统的概念 84
5.6.2 线控悬架系统的组成和工作原理 85
5.6.3 线控悬架系统的特点 87

第 6 章
决策规划与控制执行系统 89

6.1 决策规划系统概述 89
6.1.1 决策规划系统概念 89
6.1.2 典型的决策规划模块的三个层次 89

6.2 决策规划方法认知 91
6.2.1 目标状态预测常用方法 91
6.2.2 行为决策常用方法 92
6.2.3 路径规划常用方法 93
6.2.4 路径规划的一般步骤 95
6.3 控制执行系统概述 95
6.3.1 控制执行系统概念 95
6.3.2 控制执行的类型 95
6.3.3 控制执行系统控制方法 96
6.4 运动控制认识（横向、纵向） 100
6.4.1 横向运动控制 100
6.4.2 纵向运动控制 102

第 7 章
通信技术 105

7.1 近距离通信技术 105
7.1.1 RFID 射频识别技术 105
7.1.2 NFC 技术 108
7.1.3 WiFi 技术 110
7.1.4 蓝牙技术 112
7.2 中距离通信技术 115
7.2.1 DSRC（专用短程通信技术） 115
7.2.2 LTE-V 通信技术 118
7.3 远距离通信技术 121
7.3.1 卫星通信技术 121
7.3.2 5G 移动通信技术 123
7.4 汽车 CAN 通信技术 127
7.4.1 CAN 通信技术的概述 127
7.4.2 CAN 总线系统的组成及工作原理 127
7.5 车联网通信技术 130
7.5.1 车联网通信技术的定义 130
7.5.2 车联网"三网融合" 130
7.5.3 车联网通信技术发展路线 132

第 8 章
先进驾驶辅助系统（ADAS） 133

8.1 ADAS 概述 133
8.1.1 ADAS 的概念 133

8.1.2　ADAS 的类型	134
8.2　视野改善类 ADAS	**135**
8.2.1　汽车自适应前照明系统	135
8.2.2　汽车夜视辅助系统	143
8.2.3　汽车平视显示系统	147
8.2.4　汽车全景泊车系统	149
8.3　安全预警类 ADAS	**150**
8.3.1　汽车前向碰撞预警系统	150
8.3.2　汽车车道偏离预警系统	152
8.3.3　汽车盲区监测系统	155
8.3.4　驾驶员疲劳监测系统	159
8.4　主动控制类 ADAS	**162**
8.4.1　汽车车道保持辅助系统	162
8.4.2　汽车紧急自动制动系统	165
8.4.3　汽车自适应巡航系统	167
8.4.4　汽车自动泊车辅助系统	172

视频目录

视频名称	页码
智能网联汽车的定义	1
智能网联汽车的分级	3
智能网联汽车的组成	5
智能网联汽车的技术逻辑结构	6
智能网联汽车的技术架构	7
智能网联汽车的关键技术	17
环境感知系统定义	26
环境感知系统组成	26
环境感知传感器性能特点	27
车载摄像头	27
超声波雷达	32
毫米波雷达	35
激光雷达	39
中国北斗卫星导航系统	49
全球定位系统	50
惯性导航系统	56
线控转向技术	75
线控驱动技术	78
线控制动系统	81

第 1 章 智能网联汽车的定义以及发展

1.1 智能网联汽车的定义

1.1.1 智能网联汽车的定义

2017 年 12 月由工业和信息化部、国家标准化管理委员会共同制定的《国家车联网产业标准体系建设指南（智能网联汽车）》明确了智能网联汽车的定义：智能网联汽车是指搭载先进的车载传感器、控制器、执行器等装置，并融合现代通信与网络技术，实现车与 X（车、路、行人、云端等）智能信息交换、共享，具备复杂环境感知、智能决策、协同控制等功能，可实现车辆"安全、高效、舒适、节能"行驶，并最终可实现替代人来操作的新一代汽车。

智能网联汽车是指智能汽车与车联网的有机联合。智能汽车示意图如图 1-1 所示。

"智能"是指搭载先进的车载传感器（摄像头、超声波雷达、毫米波雷达、激光雷达等）、控制器、执行器等装置和车载系统模块，使其具备复杂环境感知、智能化决策与控制等功能，实现预定的驾驶任务。

网联汽车示意图如图 1-2 所示。"网联"主要指车辆信息互联共享能力，即通过车联网及通信技术（如 LTE-V、5G 等），实现车内、车与车、车与环境间的信息交互，并由控制器进行计算，进一步增强车辆的智能化程度和自动驾驶能力。

智能网联汽车综合了网联汽车与智能汽车的优势性能，如图 1-3 所示。

从广义上讲，智能网联汽车是以车辆为主体和主要节点，融合现代通信和网络技术，使车辆与外部节点实现信息共享和协同控制，以达到车辆安全、有序、高效、节能行驶的新一代多车辆系统，如图 1-4 所示。

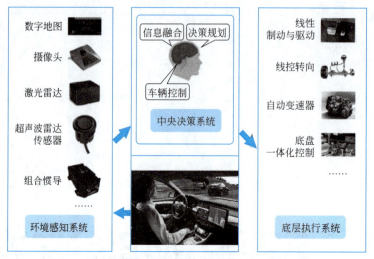

图 1-1 智能汽车示意图

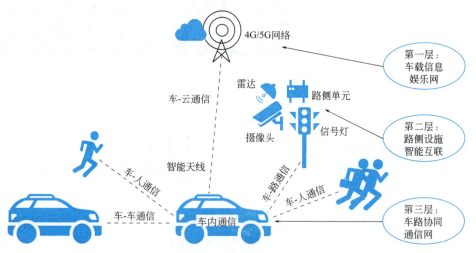

图 1-2 网联汽车示意图

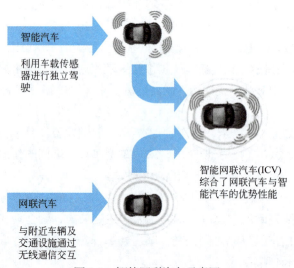

图 1-3 智能网联汽车示意图

图 1-4 智能网联汽车

1.1.2 智能网联汽车的分级

（1）美国自动驾驶的分级

智能网联汽车的分级的标准并不是全球统一的，各个国家会根据本国国情等做一些改动。

2018 年，美国 SAE（美国汽车工程师学会）将自动驾驶分级进行重新修订，按自动化程度分成 6 个等级，分别为 L0～L5，数值越高，代表自动驾驶的成熟度就越高。具体见表 1-1。

L0 级（无自动化）：驾驶员完全掌控车辆。任何情况下均由驾驶员进行感知、操纵、监控，包括转向盘、加速踏板和制动踏板。在本次 SAE 版本中，诸如电子稳定控制、自动紧急制动等主动安全系统以及其他某些类别的驾驶员辅助系统（如车道保持系统等），这些都属于 L0 级无自动化层次，原因是它们并不是部分或全部动态驾驶任务（ODT）的持久基础，它们仅在特殊情况下针对潜在危险情况进行短暂的干预，其干预措施不会改变或消除驾驶员或自动程序在执行部分或全部的动态驾驶任务（ODT），因此不被视为自动驾驶。

表 1-1 SAE 对汽车自动驾驶的分级

分级		L0	L1	L2	L3	L4	L5
称呼		无自动化	驾驶支持	部分自动化	有条件自动化	高度自动化	完全自动化
定义		由驾驶员全权驾驶汽车，在行驶过程中可以得到警告	通过驾驶环境对转向盘和加减速中的一项操作提供支持，其余由驾驶员操作	通过驾驶环境对转向盘和加减速中的多项操作提供支持，其余由驾驶员操作	由无人驾驶系统完成所有的驾驶操作，根据系统要求，驾驶员提供适当的应答	由无人驾驶系统完成所有的驾驶操作，根据系统要求，驾驶员不一定提供所有的应答；限定道路和环境条件	由无人驾驶系统完成所有的驾驶操作，可能的情况下，驾驶员接管；不限定道路和环境条件
主体	驾驶操作	驾驶员	驾驶员/系统	系统			
	周边监控	驾驶员			系统		
	支援	驾驶员				系统	
	系统作用域	无	部分				全域

L1级（驾驶支持）：自动系统有时能够辅助驾驶员完成某些驾驶任务。

L2级（部分自动化）：自动系统能够完成某些驾驶任务，但驾驶员需要监控驾驶环境，完成剩余部分，同时保证出现问题时，随时进行接管。在这个层级，自动系统的错误感知和判断由驾驶员随时纠正，L2可以通过速度和环境分割成不同的使用场景，如环路低速堵车、高速路上的快速行车以及驾驶员在车内的自动泊车。

L3级（有条件自动化）：自动系统既能完成某些驾驶任务，也能在某些情况下监控驾驶环境，但驾驶员必须准备好重新取得驾驶控制权（自动系统发出请求时），所以在该层级下，在车辆行驶过程中驾驶员仍无法进行深度的休息或睡觉。

L4级（高度自动化）：自动系统在限定的道路和环境下，能够完成驾驶任务并监控驾驶环境，这个阶段下，在自动驾驶可以运行的范围内，驾驶相关的所有任务与驾驶员已经没关系了，感知外界责任全在自动驾驶系统。

L5级（完全自动化）：自动系统在所有条件下都能完成所有驾驶任务。系统完全自动控制车辆，乘坐人员只需输入目的地，系统自动规划路线，检测道路环境，最终到达目的地。

对应SAE分级标准，无人驾驶专指L4级和L5级，汽车能够在限定环境乃至全部环境下完成全部的驾驶任务。

自动驾驶则覆盖L1~L5级整个阶段，在L1级、L2级阶段，汽车的自动驾驶系统只作为驾驶员的辅助，但能够持续地承担汽车横向或纵向某一方面的自主控制，完成感知、认知、决策、控制、执行这一完整过程，其他如预警提示、短暂干预的驾驶技术不能完成这一完整的流程，不在自动驾驶技术范围之内。

智能驾驶则包括自动驾驶以及其他辅助驾驶技术，它们能够在某一环节为驾驶员提供辅助甚至能够替代驾驶员，优化驾车体验。

无人驾驶、自动驾驶和智能驾驶的关系如图1-5所示。

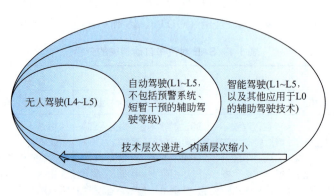

图1-5 无人驾驶、自动驾驶、智能驾驶汽车之间的关系

（2）我国自动驾驶的分级

2020年3月9日，工业和信息化部公示了《汽车驾驶自动化分级》推荐性国家标准报批稿，将于2022年3月1日开始实施。大众、宝马、福特、吉利、广州汽车、长安汽车等十余家企业协助完成标准的起草与修改。

基于驾驶自动化系统能够执行动态驾驶任务的程度，根据在执行动态驾驶任务中的角色分配以及有无设计运行条件限制，《汽车驾驶自动化分级》将驾驶自动化分为0~5共6个等级，见表1-2。

表 1-2　我国驾驶自动化等级与划分要素的关系

分级	名称	车辆横向和纵向运动控制	目标和时间探测与响应	动态驾驶任务接管	设计运行条件
0级	应急辅助	驾驶员	驾驶员和系统	驾驶员	有限制
1级	部分驾驶辅助	驾驶员和系统	驾驶员和系统	驾驶员	有限制
2级	组合驾驶辅助	系统	驾驶员和系统	驾驶员	有限制
3级	有条件自动驾驶	系统	系统	动态驾驶任务接管用户（接管后成为驾驶员）	有限制
4级	高度自动驾驶	系统	系统	系统	有限制
5级	完全自动驾驶	系统	系统	系统	无限制

0级驾驶自动化（应急辅助）：系统具备持续执行部分目标和事件探测与响应的能力，当驾驶员请求驾驶自动化系统退出时，能够立即解除系统控制权。

1级驾驶自动化（部分驾驶辅助）：系统具备与车辆横向或纵向运动控制相适应的部分目标和事件探测与响应的能力，能够持续地执行动态驾驶任务中的车辆横向或纵向运动控制。

2级驾驶自动化（组合驾驶辅助）：系统具备与车辆横向和纵向运动控制相适应的部分目标和事件探测与响应的能力，能够持续地执行动态驾驶任务中的车辆横向和纵向运动控制。

3级驾驶自动化（有条件自动驾驶）：系统在其设计运行条件内能够持续地执行全部动态驾驶任务。

4级驾驶自动化（高度自动驾驶）：系统在其设计运行条件内能够持续地执行全部动态驾驶任务和执行动态驾驶任务接管。

5级驾驶自动化（完全自动驾驶）：系统在任何可行驶条件下持续地执行全部动态驾驶任务和执行动态驾驶任务接管。

我国的 0～5 级和美国的 L1～L5 级是基本对应的，但也有差异，主要体现在：我国的第 2 级（部分驾驶辅助）的控制是驾驶员与系统；SAE 的 L2 级（部分自动化）的驾驶操作是系统，也就是说，SAE 中的 L2 级比我国的 2 级要求高。

1.2　智能网联汽车的组成及架构

1.2.1　智能网联汽车的组成

智能网联汽车以汽车为主体，利用环境感知技术实现多车辆安全行驶，通过通信网络等手段，为用户提供多样化信息服务。智能网联汽车由环境感知层、智能决策层以及控制执行层组成，如图 1-6 所示。

（1）环境感知层

环境感知层类似于人的眼睛和耳朵，其主要功能是通过车载摄像头、毫米波雷达、激光雷达、超声波雷达、卫星定位技术、4G/5G 及 V2X（车与外界信息交换）无线通信技术等，实现对车辆自身属性和车辆外在属性（如道路、车辆和行人等）静态、动态信息的提取和收集,并向智能决策层输送信息。

(2)智能决策层

智能决策层类似于人的大脑,其主要功能是接收环境感知层的信息并进行融合,对道路、车辆、行人、交通标志和交通信号等进行识别,决策分析和判断车辆驾驶模式及将要执行的操作,并向控制和执行层输送指令。

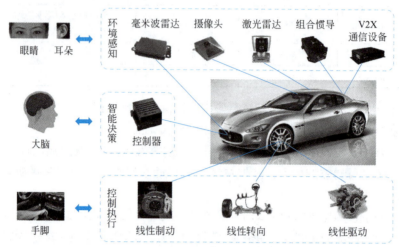

图1-6 智能网联汽车的组成

(3)控制执行层

执行系统类似于人的手脚。其主要功能是按照智能决策层的指令,对车辆进行操作和协同控制,并为联网汽车提供道路交通信息、安全信息、娱乐信息、救援信息以及商务办公、网上消费等,保障汽车安全行驶和舒适驾驶。

1.2.2 智能网联汽车架构

(1)智能网联汽车的技术逻辑结构

智能网联汽车的技术逻辑结构如图1-7所示,它由两条主线"信息感知"和"决策控制"组成,其发展的核心是由系统进行信息感知、决策预警和智能控制,逐渐替代驾驶员的驾驶任务,并最终完全自主执行全部驾驶任务。智能网联汽车通过智能化与网联化两条技术路径协同实现信息感知和决策控制功能。

① 信息感知。在信息感知方面,根据信息对驾驶行为的影响和相互关系分为驾驶相关类信息和非驾驶相关类信息。

驾驶相关类信息包括传感探测类和决策预警类,传感探测类又可根据信息获取方式进一步细分为依靠车辆自身传感器直接探测所获取的信息(自身探测)和车辆通过车载通信装置从外部其他节点(比如:路侧节点或远程信息中心)所接收的信息(信息交互)。

非驾驶相关类信息主要包括车载娱乐服务和车载互联网信息服务。

智能化+网联化相融合可以使车辆在自身传感器直接探测的基础上,通过与外部节点的信息交互,实现更加全面的环境感知,从而更好地支持车辆进行决策和控制。

② 决策控制。在决策控制方面,根据车辆和驾驶员在车辆控制方面的作用和职责,分为

辅助控制类和自动控制类，分别对应不同等级的决策控制。

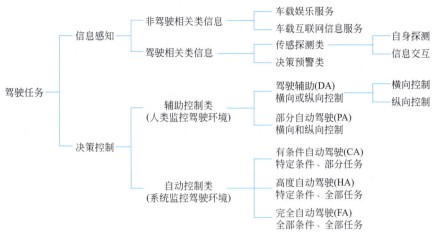

图 1-7　智能网联汽车的技术逻辑结构

辅助控制类主要是指车辆利用各类电子技术辅助驾驶员进行车辆控制，如横向控制或纵向控制及其组合，可分为驾驶辅助（DA）和部分自动驾驶（PA）。

自动控制类则根据车辆自主控制以及替代人进行驾驶的场景和条件进一步细分为有条件自动驾驶（CA）、高度自动驾驶（HA）和完全自动驾驶（FA）。

（2）智能网联汽车的技术架构

智能网联汽车涉及汽车、信息、网络、通信、控制、交通等多领域技术，其技术架构较为复杂，可划分为"三横两纵"式技术架构，如图 1-8 所示。"三横"是指智能网联汽车主要涉及的车辆/设施、信息交互与基础支撑三大领域关键技术，"两纵"是指支撑智能网联汽车发展的车载平台以及基础设施条件。

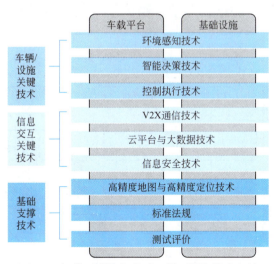

图 1-8　智能网联汽车的"三横两纵"技术架构

智能网联汽车的"三横"架构涉及的 3 个领域的关键技术可以细分为以下 9 种。

① 环境感知技术。环境感知技术包括利用摄像头的图像识别技术、利用雷达（激光、毫米波、超声波）的周边障碍物检测技术、多源信息融合技术、传感器冗余设计技术等。

② 智能决策技术。智能决策技术包括危险事态建模技术、危险预警与控制优先级划分、群体决策和协同技术、局部轨迹规划、驾驶员多样性影响分析等。

③ 控制执行技术。控制执行技术包括面向驱动/制动的纵向运动控制、面向转向的横向运动控制、基于驱动/制动/转向/悬架的底盘一体化控制、融合车联网通信及车载传感器的多车队列协同和车路协同控制等。

④ V2X通信技术。V2X通信技术包括车辆专用通信系统、实现车间信息共享与协同控制的通信保障机制、移动自组织网络技术、多模式通信融合技术等。

⑤ 云平台与大数据技术。云平台与大数据技术包括智能网联汽车云平台架构与数据交互标准、云操作系统、数据高效存储和检索技术、大数据的关联分析和深度挖掘技术等。

⑥ 信息安全技术。信息安全技术包括汽车信息安全建模技术，数据存储、传输与应用三维度安全体系，汽车信息安全测试方法，信息安全漏洞应急响应机制等。

⑦ 高精度地图与高精度定位技术。高精度地图与高精度定位技术包括高精度地图数据模型与采集式样、交换格式和物理存储的标准化技术、基于北斗地基增强系统的高精度定位技术、多源辅助定位技术等。

⑧ 标准法规。标准法规包括智能网联汽车整体标准体系，以及涉及汽车、交通、通信等各领域的关键技术标准。

⑨ 测试评价。测试评价包括智能网联汽车测试评价方法与测试环境建设。

（3）智能网联汽车的产品物理结构

智能网联汽车的产品物理结构是把技术逻辑结构所涉及的各种信息感知与决策控制功能落实到物理载体上。车辆控制系统、车载终端、交通设施终端、外接终端等，通过不同的网络通道、软件或平台，对采集或接收到的信息进行传输、处理和执行，从而实现不同的功能或应用，如图1-9所示。

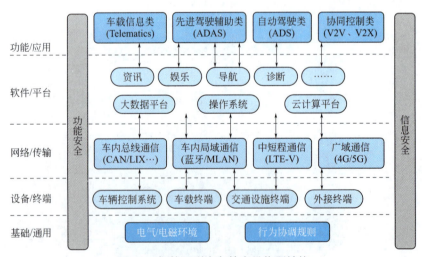

图 1-9　智能网联汽车的产品物理结构

① 功能/应用层。功能/应用层依据产品形态、功能类型和应用场景，分为车载信息类、先进驾驶辅助类、自动驾驶类、协同控制类等，涵盖与智能网联汽车相关各类产品所应具备的基本功能。

② 软件/平台层。软件/平台层主要包括大数据平台、操作系统和云计算平台等基础平台

产品，以及资讯、娱乐、导航和诊断等应用软件产品，共同为智能网联汽车相关功能的实现提供平台级、系统级和应用级的服务。

③ 网络/传输层。网络/传输层依据通信的不同应用范围，分为车内总线通信、车内局域通信、中短程通信和广域通信，是信息传递的"管道"。

④ 设备/终端层。设备/终端层依据不同的功能或用途，分为车辆控制系统、车载终端、交通设施终端、外接终端等，各类设备和终端是车辆与外界进行信息交互的载体，同时也作为人机交互界面，成为连接"人"和"系统"的载体。

⑤ 基础/通用层。基础/通用层包括电气/电磁环境以及行为协调规则。安装在智能网联汽车上的设备、终端或系统需要利用汽车电源，在满足汽车特有的电气、电磁环境要求下实现其功能；设备、终端或系统间的信息交互和行为协调也应在统一的规则下进行。

此外，智能网联汽车的产品物理结构中还包括功能安全和信息安全两个重要组成部分。两者作为智能网联汽车各类产品和应用需要普遍满足的基本条件，贯穿于整个产品物理结构之中，是智能网联汽车各类产品和应用实现安全、稳定、有序运行的可靠保障。

1.3 智能网联汽车行业背景

1.3.1 智能网联汽车行业背景分析

（1）国外自动驾驶技术的发展

在 20 世纪 80 年代，美国电视剧《霹雳游侠》中的 KITT 自动驾驶汽车曾经风靡世界。后来，基于庞蒂亚克小型多用途车改造的无人驾驶汽车进入"机器人名人堂"。

20 世纪 90 年代后期的另一项开创性工作来自意大利帕尔玛大学的视觉实验室（VisLab），他们使用由双目摄像头组成的立体视觉系统，在公路上进行了 2000km 的长途测试，无人驾驶里程占 94%，速度达到 112km/h。到如今，无人驾驶领域的巨头 Waymo 采用了菲亚特克莱斯勒的小型货车"帕西菲卡"作为其无人驾驶汽车平台，达到平均约 16000km（10000mile）才需要一次人工接管的高度自动驾驶水平。

国外自动驾驶汽车发展历程如图 1-10 所示。

① 科研院校对自动驾驶技术的研究。20 世纪 70 年代，科技发达国家开始率先进行无人驾驶汽车的研究。

1984 年，美国国防高级研究计划署（DARPA）与陆军合作，发起自主地面车辆（ALV）计划。为了推进无人驾驶技术更快、更好地发展，DARPA 于 2004—2007 年共举办了 3 届 DARPA 无人驾驶挑战赛。

20 世纪 80 年代开始，美国著名的大学如卡内基·梅隆大学、斯坦福大学、麻省理工学院等都先后加入无人驾驶汽车的研究工作中。其中，美国卡内基·梅隆大学研制的 NavLab 系列智能车辆最具有代表性。

② 汽车制造厂商对无人驾驶汽车的研究。除了科研院校在无人驾驶领域的积极研究外，奥迪、福特、沃尔沃、日产、宝马等众多汽车制造厂商也于 2013 年开始相继在无人驾驶汽车领域进行了布局。

2015 年 10 月，特斯拉推出了半自动驾驶系统 Autopilot，Autopilot 是第一个投入商用的自动驾驶技术。

2016年，通用汽车收购了自动驾驶技术创业公司Cruise Automation，正式进入无人驾驶领域。

目前，对于量产商用车辆来说部分自动驾驶功能（L2级别）已经较为普及，表现比较突出的是德、美、日、韩等汽车制造厂商生产的汽车。

图1-10 国外自动驾驶汽车发展历程

2018新款奥迪A8是全球首款量产搭载L3级别的自动驾驶系统的车型，如图1-11所示。实现L3级自动驾驶，使驾驶员在拥堵路况下可以获得最大限度的解放。L3级的自动驾驶汽车允许驾驶员在车辆行驶过程中把手脱离转向盘，但驾驶员仍不能进行深度的睡眠。量产车型中，目前还没有L4级和L5级的自动驾驶汽车，都处于开发阶段。

③ 新技术力量对无人驾驶技术的研究。以谷歌为代表的新技术力量纷纷入局无人驾驶领域。这些企业多采用"一步到位"的无人驾驶技术发展路线，即直接研发SAE L4+级别的无人驾驶汽车。

图 1-11　2018 新款奥迪 A8（携带 L3 级自动驾驶系统）

④ 创业公司对无人驾驶技术的研究。以 nuTonomy 为代表的创业公司也纷纷入局无人驾驶领域。这些企业多采用"一步到位"的 SAE L4+ 级的无人驾驶技术发展路线。

2016 年 8 月，nuTonomy 成为新加坡第一家在试点项目下推出自动驾驶出租车的公司。

（2）国内自动驾驶技术的发展

国内无人驾驶汽车发展历程如图 1-12 所示。

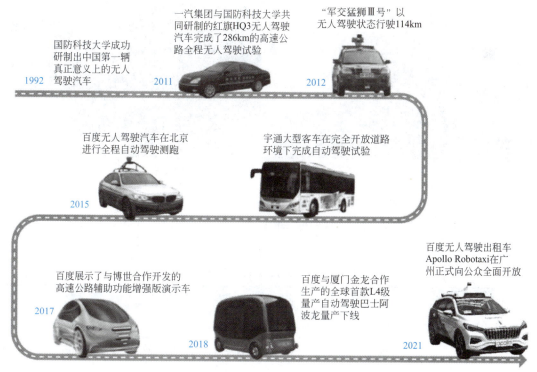

图 1-12　国内无人驾驶汽车发展历程

① 我国汽车制造厂商对无人驾驶汽车的研究。与美、欧等发达国家和地区相比，我国在无人驾驶汽车方面的研究起步稍晚，从 20 世纪 80 年代末才开始。清华大学在国防科工委和国家 863 计划的资助下，从 1988 年开始研究开发 THMR 系列智能车，THMR-V 智能车能够实现结构化环境下的车道线自动跟踪。

国防科技大学从 20 世纪 80 年代末开始先后研制出基于视觉的 CITAVT 系列智能车辆。直至 1992 年，国防科技大学才成功研制出中国第一辆真正意义上的无人驾驶汽车。2011 年 7 月，由一汽集团与国防科技大学共同研制的红旗 HQ3 无人驾驶汽车完成了 286km 的面向高速公路的全程无人驾驶试验。

2012 年，陆军军事交通学院的"军交猛狮Ⅲ号"以无人驾驶状态行驶 114km，最高时速为 105km/h。

2015 年 4 月，长安汽车发布智能化汽车"654"战略，即建立六个基础技术体系平台，开发五大核心应用技术，分四个阶段逐步实现汽车从单一智能到全自动驾驶。

2015 年 8 月，宇通大型客车从郑开城铁贾鲁河站出发，在完全开放的道路环境下完成自动驾驶试验，这也是国内首次大型客车高速公路自动驾驶试验。

2016 年 4 月的北京车展上，北汽集团展示了其基于 EU260 打造的无人驾驶汽车，目前搭载的无人驾驶感知与控制设备大部分都采用了国产化采购，目的是为未来的量产打下基础。

2018 年 5 月，宇通客车在其 2018 年新能源全系产品发布会上宣布，已具备面向高速结构化道路和园区开放通勤道路的 L4 级别自动驾驶能力。

2018 年起，大批国内自主品牌 L2 级自动驾驶乘用车开始上市，如长安 CS55/CS75、长城 F7/V6、吉利缤瑞 / 缤越、博越 GE、上汽 Marvel X 等车型，如图 1-13 所示。

图 1-13　国内自主品牌 L2 级自动驾驶乘用车

② 我国高科技公司对无人驾驶汽车的研究。除了上述传统的汽车制造厂商在无人驾驶领域的研究外，以百度为代表的高科技公司也相继加入了无人驾驶汽车领域的研究，发展历程见表 1-3。

表 1-3　百度无人驾驶汽车发展历程

时间	内容
2013 年	百度开始了无人驾驶汽车项目，其技术核心是"百度汽车大脑"
2015 年 12 月初	百度无人驾驶汽车在北京进行全程自动驾驶测跑，完成了从进入高速到驶出高速不同道路场景的切换
2015 年 12 月 14 日	百度宣布正式成立自动驾驶事业部
2017 年 4 月 17 日	百度展示了与博世合作开发的高速公路辅助功能增强版演示车
2018 年 7 月 4 日	百度在第二届百度 AI（人工智能）开发者大会（Baidu Create 2018）上宣布，其与厦门金龙合作生产的首款 L4 级自驾巴士"阿波龙"已经量产下线
2019 年年初	百度与日本软银旗下的 SB Drive 合作，将 10 辆阿波龙（Apollo）带去包括东京在内的多个日本城市
2021 年 6 月 21 日	120 余位驻华使馆外交官和国际组织代表在北京首钢园体验了百度无人车出行服务

1.3.2 国内外智能网联汽车发展现状

1.3.2.1 国外智能网联汽车发展现状

（1）美国自动驾驶汽车技术发展现状

早在 2013 年，美国国家高速公路交通安全管理局（NHTSA）就发布了《关于自动驾驶仪车辆控制政策的初步意见》，并制定了支持自动驾驶技术发展和推广的自动驾驶考核标准。2016 年 9 月，为有效利用技术变化提供指导，美国交通部发布了《联邦自动驾驶汽车政策》文件，为自动驾驶安全部署提供政策监管框架。

2017 年 9 月，美国发布了一项车辆升级与驾驶指南《自动驾驶系统 2.0：安全愿景》，该指南不仅被业界视为自动驾驶汽车发展的指导方针，而且代表了美国联邦政府对自动驾驶的态度。

2017 年 9 月，美国众议院一致通过了《自动驾驶法案》（H.R.3388-SELF DRIVE Act），为美国自动驾驶车辆的成功开发、技术创新、技术测试和安全部署提供了重要支持，该法案要求自动驾驶汽车制造商或系统供应商向监管机构提交安全评估证书，以证明其自动驾驶汽车在数据、产品和功能方面采取了充分的安全措施。同时，该法案还要求制定隐私保护计划，其中包括收集、存储和使用车辆和乘客信息的保护措施，列出了需要考虑的 12 个优先安全设计要素，包括车辆网络安全、人机界面、防撞性、消费者教育和培训，以及碰撞后自动驾驶系统的响应等。

2018 年 10 月，发布的《自动驾驶汽车 3.0：为交通运输的未来做准备》表明美国交通部将努力废除妨碍自动驾驶车辆发展的政策和法规，并支持将自动驾驶车辆纳入整个交通系统。

2020 年新年伊始，美国交通部在官网发布了《确保美国在自动驾驶汽车技术中的领导地位：自动驾驶汽车 4.0》（简称《自动驾驶 4.0》）战略。该战略由美国白宫和交通部共同发起。《自动驾驶 4.0》战略提出涵盖用户、市场以及政府三个方面的十大技术原则。在保护用户与群体方面，一是安全优先；二是强调技术与网络安全；三是确保隐私与数据安全；四是强化机动性与可达性。《自动驾驶 4.0》战略提供创新要素的基础保障，推动多种技术融合创新。《自动驾驶 4.0》提出，自动驾驶是先进制造、高速通信技术、先进计算技术、计算机视觉、先进传感器、机器学习以及人工智能等技术创新融合的结果；同时，应将自动驾驶的开发工作列为各部门研究与开发预算的优先事项，积极出台各类保障促进政策，为自动驾驶技术提供创新要素。

美国的一些州政府也有自己的政策法案，允许自动驾驶车辆的公开道路测试。加利福尼亚州（加州）是世界上第一个通过无人驾驶汽车公开道路测试官方法规的地区，也是美国国家高速公路交通安全管理局的总部所在地，开放、宽容和权威使加州成为全球无人驾驶汽车测试的主要基地。2011 年，内华达州率先通过了自动驾驶汽车立法，解决了州公路上自动驾驶汽车的路试问题。2012 年 9 月，加州出台了更加宽松的汽车驾驶法规，确立了"促进和保障无人驾驶汽车安全"的立法理念，努力为自动驾驶技术的发展扫清道路。

随后，美国数十个地区颁布了数十项自主车辆交通政策和法规，以促进美国自动驾驶和人工智能产业的发展。2018 年 2 月底，加州再次放宽了允许无人驾驶政策。过去监管机构要求无人驾驶汽车在公共道路上进行测试时，需要有安全员负责车辆行驶与控制监管，而 2018

年 4 月 2 日起这一要求得到放宽。图 1-14 为公开道路测试中的 Waymo 无人驾驶汽车。

（2）德国自动驾驶汽车技术发展现状

欧盟于 2012 年颁布法规，要求所有商用车在 2013 年 11 月之前安装紧急自动制动（AEB）系统。自 2014 年起，在欧盟市场销售的所有新车都必须配备 AEB 系统，没有该系统的车辆将很难获得 Euro NCAP（欧盟新车安全评鉴协会）五星级安全认证。沃尔沃的城市安全系统、本田的 CMBS（碰撞缓解制动系统）和梅赛德斯 - 奔驰的 Pre-Safe 系统都属于这类系统。

图 1-14　公开道路测试中的 Waymo 无人驾驶汽车

梅赛德斯 - 奔驰 S 级汽车、配备激光雷达的奥迪 A8 可以实现在遇到交通堵塞时自动跟踪前方汽车、缓解交通拥堵的功能。

2017 年 6 月，德国颁布了世界上第一部自动驾驶法，即《道路交通法修订案》，该修订案允许自动驾驶系统在特定条件下取代人类驾驶车辆，极大地促进了德国道路的自动驾驶技术测试条件与自动驾驶技术推动的进度。为此，德国率先开放了 A9 高速公路的部分路段用于自动驾驶技术测试。此外，德国还公布了世界上第一个针对自动驾驶的道德准则，为自动驾驶系统设计和伦理道德研究提供了强有力的支持。该准则将允许自动车辆优先处理事故，并将其纳入系统的自我学习。自动驾驶的道德准则部分内容有：

① 自动驾驶系统必须始终确保事故的发生率比人类手动驾驶时少。

② 人类安全必须始终优先于动物或其他财产安全。

③ 当自动驾驶汽车发生不可避免的事故时，不允许基于年龄、性别、种族、身体特征或任何其他区别因素做出歧视性判断。

④ 在任何驾驶情况下，无论驾驶者是人还是自动驾驶系统，责任方必须遵守既定的道路法规。

⑤ 为了确定事故责任方，自动驾驶车辆必须配备"黑匣子"，随时记录和存储驾驶数据。

⑥ 自动驾驶车辆将保留车辆记录数据的唯一所有权，该所有权可决定数据是否由第三方保存或转发。

⑦ 尽管车辆在紧急状态可能会自动反应，但在特殊情况下，人类应该重新控制车辆。

与美国由无人驾驶的市场应用探索并从中析出低级驾驶辅助技术不同，德国的自动驾驶采取了一种由低级的驾驶辅助逐渐向最高等级驾驶升级的渐进式发展路线。以上两种路线是目前无人驾驶领域典型的研究和市场策略。

（3）日本自动驾驶汽车技术发展现状

日本是重视人工智能应用和发展汽车工业的国家之一，把自动驾驶作为一项重要的发展战略。在 2017 年的智能交通系统（ITS）构想及路线图中，日本明确了自动驾驶技术的推广计划：2020 年左右实现高速公路上的 L2 级自动驾驶、L3 级自动驾驶和特定区域的 L4 级自动驾驶。到 2025 年，实现高速公路上的 L4 级自动驾驶。

2018 年 3 月，日本政府在"未来投资会议"上提出了《自动驾驶相关制度整备大纲》，明确了 L3 级汽车驾驶事故责任的定义。同年 9 月，日本国土交通省正式发布《自动驾驶汽车安全技术指南》，规定了 L3 和 L4 级自动驾驶汽车必须满足的安全条件。

1.3.2.2 国内智能网联汽车发展现状

2016 年，发布了《节能与新能源汽车技术路线图》，明确了我国智能网联汽车技术路线图，以指导汽车制造商和未来的产业发展。

2017 年，《新一代人工智能发展规划》进一步明确了自动驾驶技术自主应用的战略目标。

2018 年 1 月，国家发展改革委发布了《智能汽车创新发展战略（征求意见稿）》。2018 年，我国 20 个智能网联汽车测试示范区（项目）见表 1-4。

表 1-4 2018 年我国 20 个智能网联汽车测试示范区（项目）

区域	数量/个	示范区（项目）
北京	1	国家智能汽车与智慧交通（京冀）示范区
吉林	1	国家智能网联汽车应用（北方）示范区（长春）
辽宁	1	北汽盘锦无人驾驶汽车运营项目
江苏	2	国家智能交通综合测试基地（无锡）
		中国智能车综合技术研发与测试中心（常熟）
上海	1	国家智能网联汽车（上海）A NICE CITY 示范区
浙江	3	杭州云栖小镇 LTE-V 车联网示范区
		桐乡乌镇示范区
		嘉善产业新城智能网联汽车测试场
福建	2	平潭无人驾驶汽车测试基地
		漳州无人驾驶汽车社会实验室（厦门）
广东	2	深圳无人驾驶示范区
		广州智联汽车与智慧交通应用示范区
四川	2	德阳 Dicity 智能网联汽车测试与示范运营基地
		成都中德智能网联汽车四川试验基地
重庆	2	重庆 i-VISTA 智能汽车集成系统试验区
		重庆中国汽研智能网联汽车试验基地
湖北	2	武汉"智慧小镇"示范区
		武汉雷诺自动驾驶示范区
湖南	1	湘江新区智能系统测试区

2018年4月，工业和信息化部、公安部和交通运输部三部委联合印发的《智能网联汽车道路测试管理规范（试行）》强调要推动汽车智能化，规范智能网联汽车道路测试管理，对提出智能网联汽车道路测试申请、组织测试并承担责任的测试主体做出明确规定，对测试驾驶员条件做出规定，对智能汽车自动驾驶功能检测项目做出说明。这项政策将道路测试规范化，有助于公司开展自动驾驶功能测试。其主要内容见图1-15，该文件是指导智能网联汽车测试的指导性文件。

2020年，中国L2级智能网联汽车的市场渗透率达到15%，L3级自动驾驶车型在特定场景下开展测试验证。高精度摄像头、激光雷达等感知设备已达到国际先进水平，可为多款主流车型供货，MDC智能驾驶计算平台、车规级AI芯片在多个车型上进行装车应用。

多地加快部署5G通信、路侧联网设备等基础设施，加大交通设备数字化改造力度，开展车路协同试点，支持企业进行载人载物示范应用。

2020年2月，中央网信办等11部门联合发布《智能汽车创新发展战略》，明确提出要确保用户信息、车辆信息、测绘地理信息等数据安全可控；完善数据安全管理制度，加强监督检查，开展数据风险、数据出境安全等评估。

图1-15 2018年《智能网联汽车道路测试管理规范》主要内容

2021年2月24日，《国家综合立体交通网规划纲要》印发，提出建设融合感知平台，推动智能网联车与现代数字城市协同发展。

2021年4月，为进一步推动智能网联汽车产业健康有序发展，加强道路机动车辆生产企业及产品准入管理，工业和信息化部组织起草了《智能网联汽车生产企业及产品准入管理指南（试行）》，提出了智能网联汽车功能安全、预期功能安全、网络与数据安全及车联网卡实名等有关要求。

2021年5月6日，住房和城乡建设部、工业和信息化部公布智慧城市基础设施与智能网联汽车协同发展首批试点城市，北京、上海、广州、武汉、长沙、无锡6市入选。

第1章 智能网联汽车的定义以及发展

目前，涉及自动驾驶的汽车公司主要分为5类，分别为互联网科技公司、传统汽车生产商、新能源汽车公司、智能驾驶解决方案供应商、专注于垂直领域的科创公司。

互联网科技公司：例如百度、华为、腾讯、京东、美团、海康威视、小米、中兴通讯等企业。

传统汽车生产商：例如吉利、比亚迪、上海汽车、长安汽车、广州汽车、奇瑞、江淮汽车等。

新能源汽车公司：例如小鹏汽车、蔚来汽车、爱驰汽车、奇点汽车、零跑汽车、理想汽车等。

智能驾驶解决方案供应商：例如驭势科技、初速度（Momenta）、纵目科技、四维图新、文远知行、禾多科技、小马智行等，如图1-16所示。

此外，还有些公司专注于垂直领域的科创公司：如专注于智能汽车芯片研发的地平线（Horizon Robotics）；专注于自动驾驶出行服务的小马智行；专注于自动驾驶卡车领域的图森未来、智加科技、主线科技等。

(a) 初速度(Momenta)测试车

(b) 小马智行测试车

(c) 禾多科技测试车

(d) 文远知行测试车

图1-16 智能驾驶解决方案供应商的测试车

1.4 智能网联汽车行业发展趋势

1.4.1 智能网联汽车的关键技术

智能网联汽车关键技术包含环境感知技术、无线通信技术、智能互联技术、车载网络技术、先进驾驶辅助技术、信息融合技术、信息安全与隐私保护技术、人机界面（HMI）技术等。

（1）环境感知技术

环境感知包括车辆本身状态感知、道路感知、行人感知、交通信号感知、交通标识感知、交通状况感知、周围车辆感知等，如图1-17所示。

① 车辆本身状态感知包括行驶速度、行驶方向、行驶状态、车辆位置感知等。

② 道路感知包括道路类型检测、道路标线识别、道路状况判断、是否偏离行驶轨迹等。

③ 行人感知主要判断车辆行驶前方是否有行人，包括白天行人识别、夜晚行人识别、被障碍物遮挡的行人识别等。

图1-17　环境感知技术

④ 交通信号感知主要是自动识别交叉路口的信号灯，如何高效通过交叉路口等。

⑤ 交通标识感知主要是识别道路两侧的各种交通标志，如限速、弯道等，及时提醒驾驶员注意。

⑥ 交通状况感知主要是检测道路交通拥堵情况、是否发生交通事故等，以便车辆选择通畅的路线行驶。

⑦ 周围车辆感知主要检测车辆前方、后方、侧方的车辆情况，避免发生碰撞，也包括交叉路口被障碍物遮挡的车辆。

在复杂的路况交通环境下，单一传感器无法完成环境感知的全部，必须整合各种类型的传感器，利用传感器融合技术，使其为智能网联汽车提供更加真实可靠的路况环境信息。

（2）无线通信技术

无线通信技术包括远距离无线通信技术、中距离无线通信技术以及近距离无线通信技术。

① 远距离无线通信技术用于提供即时的互联网接入，主要采用4G/5G技术，特别是5G技术有望成为车载远距离无线通信专用技术。5G具有大规模MIMO、新型多址接入、新型信道编码、新型调制等方面的特性，相对于4G通信而言，具有更大的传输速率、更低的传输延迟以及更多的接入用户等优点。智能终端的普及以及应用的多样化（高清视频、虚拟现实和增强现实），促进了无线通信的迅速发展，5G已进入商用阶段。

② 中距离无线通信技术有专用短程通信技术（DSRC）、LTE-V通信技术；近距离无线通信技术包括RFID、NFC、WiFi、蓝牙等。其中DSRC和LTE-V可以实现在特定区域内对高速运动下移动目标的识别和双向通信，例如V2V、V2I双向通信，实时传输图像、语音和数据信息等，如图1-18所示。

图 1-18　中距离无线通信

（3）智能互联技术

当两个车辆距离较远或被障碍物遮挡，直接通信无法完成时，两者之间的通信可以通过路侧单元进行信息传递，构成一个无中心、完全自组织的车载自组织网络。车载自组织网络依靠中距离通信技术实现 V2V（车辆与车辆）和 V2I（车辆与基础设施）之间的通信，它使在一定通信范围内的车辆可以相互交换各自的车速、位置等信息和车载传感器感知的数据，并自动连接建立起一个移动的网络。典型的应用包括行驶安全预警、交叉路口协助驾驶、交通信息发布以及基于通信的纵向车辆控制等。

（4）车载网络技术

车载网络是汽车的内部传感器、控制器和执行器之间的通信用点对点的连线方式连成的复杂的网状结构，如图 1-19 所示。目前，汽车上广泛应用的车载网络是 CAN、LIN、FlexRay 和 MOST 总线等，它们的特点是传输速率小，带宽窄。随着越来越多的高清视频应用进入汽车，如 ADAS（先进驾驶辅助系统）、360°全景泊车系统和蓝光 DVD 播放系统等，它们的传输速率和带宽已无法满足需要。以太网最有可能进入智能网联汽车环境下工作，它采用星形连接架构，每一个设备或每一条链路都可以专享 100M 带宽，而且传输速率达到万兆级。同时，以太网还可以顺应未来汽车行业的发展趋势，即开放性、兼容性原则，从而可以很容易将现有的应用嵌入到新的系统中。

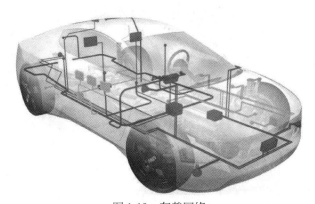

图 1-19　车载网络

（5）先进驾驶辅助技术

先进驾驶辅助技术通过车辆环境感知技术和自组织网络技术对道路、车辆、行人、交通标志、交通信号等进行检测和识别，对识别信号进行分析处理，传输给执行机构，保障车辆安全行驶，如图1-20所示。先进驾驶辅助技术是智能网联汽车重点发展的技术，其成熟程度和使用多少代表了智能网联汽车的技术水平，是其他关键技术的具体应用体现。

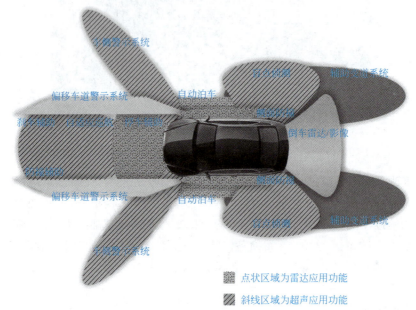

图1-20 先进驾驶辅助技术

（6）信息融合技术

信息融合技术是指在一定准则下，利用计算机技术对多源信息进行分析和综合，以实现不同应用的分类任务而进行的处理过程。该技术主要用于对多源信息进行采集、传输、分析和综合，将不同数据源在时间和空间上的冗余或互补信息依据某种准则进行组合，产生出完整、准确、及时、有效的综合信息。智能网联汽车采集和传输的信息种类多、数量大，必须采用信息融合技术才能保障实时性和准确性，如图1-21所示。

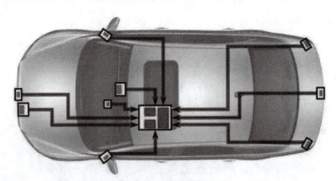

图1-21 信息融合技术

（7）信息安全与隐私保护技术

智能网联汽车接入网络的同时，也带来了信息安全的问题。在应用中，每辆车及其车主的信息都将随时随地传输到网络中被感知，这种暴露在网络中的信息很容易被窃取、干扰，甚至修改等，从而直接影响智能网联汽车体系的安全。因此，在智能网联汽车中，必须重视信息安全与隐私保护技术的研究。

（8）人机界面技术

人机界面技术，尤其是语音控制、手势识别和触屏技术，在全球未来汽车市场上将被大量采用。全球领先的汽车制造商，如奥迪、宝马、奔驰、福特以及菲亚特等都在研究人机界面技术。不同国家汽车人机界面技术发展重点也不同，美国和日本侧重于远程控制，主要通过呼叫中心（Call Center）实现；德国则把精力放在车主对车辆的中央控制系统上，主要有奥迪的 MMI（多媒体交互系统）、宝马的 iDrive（智能驾驶系统）、奔驰的 COMAND（驾驶舱管理与导航设备）。

智能网联汽车人机界面的设计，其最终目的在于提供好的用户体验，增强用户的驾驶乐趣或驾驶过程中的操作体验。它更加注重驾驶的安全性，这样使得人机界面的设计必须在好的用户体验和安全之间做平衡，而安全始终是第一位的。智能网联汽车人机界面应集成车辆控制、功能设定、信息娱乐、导航系统、车载电话等多项功能，方便驾驶员快捷地从中查询、设置、切换车辆系统的各种信息，从而使车辆达到理想的运行和操纵状态。未来车载信息显示系统和智能手机将无缝连接，人机界面提供的输入方式将会有多种选择，通过使用不同的技术允许消费者能够根据不同的操作、不同的功能对其进行自由切换。

如图 1-22 所示，宝马的 iDrive 采用语言、触屏技术、多功能旋钮三种方式进行控制，给用户提供更为智能化的交互方式，提升了用户体验。BMW 操作系统 iDrive 8.0 是宝马集团迄今为止功能最强大的操作系统、最强大的数据处理系统和技术平台，通过集中车载网络架构和数个高性能计算机来共同实现，不仅高度模块化，而且具有极高的灵活性。该 BMW 操作系统可以处理各种各样的任务，远远超出了常规的显示和操作概念，包括集成信息处理和互联服务、数据处理、连接不同设备和第三方应用程序，以及无缝集成云端服务。

图 1-22　人机界面技术示例

除以上关键技术外，智能网联汽车还涉及高精度地图与定位技术、异构网络融合关键技术、交通大数据处理与分析关键技术、交通云计算与云存储关键技术等先进技术。

1.4.2 智能网联汽车发展目标

智能网联汽车发展总体目标如图 1-23 所示。智能网联汽车的发展愿景是实现汽车强国的伟大目标，使汽车社会朝着有益于文明进步、可持续的轨道发展，满足人民对美好生活向往的需要。体现在安全、效率、节能减排、舒适和便捷、人性化等方面。

目标计划到 2035 年，中国方案智能网联汽车技术和产业体系全面建成、产业生态健全完善，整车智能化水平显著提升，网联式高度自动驾驶智能网联汽车大规模应用。由于采用智能化和网联化技术，驾乘安全性和舒适性显著提高，交通事故和人员伤亡数量大幅降低，交通出行和物流运输效率显著提升，道路交通能源消耗和污染排放有效降低。中国方案智能网联汽车关键核心技术处于国际领先水平，有效助推汽车产业转型升级，新兴产业经济重构和安全、高效、绿色的汽车社会文明形成，促进建设世界汽车强国的战略目标实现。

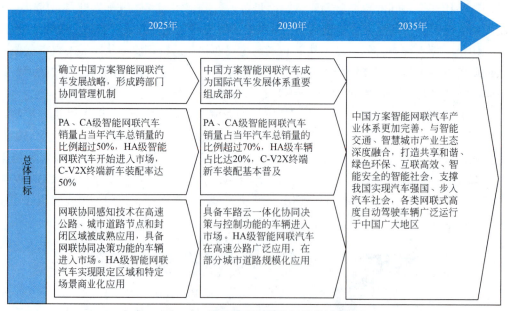

图 1-23　智能网联汽车发展总体目标

在顶层设计方面，中国方案智能网联汽车发展战略形成，并逐渐成为国际汽车发展体系的重要组成部分。政策法规体系、技术标准体系、产品安全体系、运行监管体系建成并不断完善。汽车与交通、信息通信等产业相互赋能、协同发展，新型产业生态体系形成，智能网联汽车、智能交通、智慧城市深度融合。

在技术和产品创新能力方面，研发体系、生产配套体系、创新产业链体系形成并持续优化。拥有世界排名前十的供应商企业 1～2 家，中国品牌智能网联汽车以及核心零部件国际竞争力增强。"人-车-路-云"高度协同，通信网络、道路交通、地图定位等智能化基础设施覆盖度高。

在市场应用方面，PA、CA 级智能网联汽车渗透率持续增加，2025 年达 50%，2030 年超过 70%。蜂窝车联网（C-V2X）终端的新车装配率 2025 年达 50%，2030 年基本普及，网联协同感知、协同决策与控制功能不断应用，车辆与其他交通参与者互联互通。高度自动驾驶车辆 2025 年首先在特定场景和限定区域实现商业化应用，并不断扩大运行范围。

在此期间，整车厂将遵从既定的方式进行市场化，首先在高端车型上配备自动驾驶模块。智能网联汽车的行驶模式可以更加节能高效，因此交通拥堵及对空气的污染将得以减弱。智能网联汽车的未来发展前景，如图 1-24 所示。

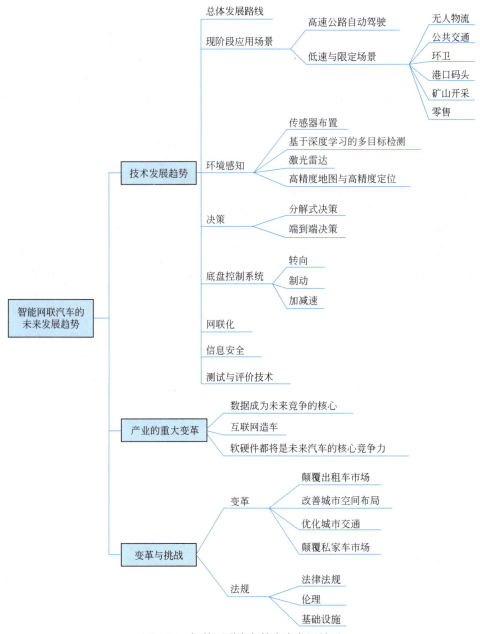

图 1-24　智能网联汽车的未来发展前景

1.4.3　智能网联汽车技术发展趋势

智能网联汽车技术发展具有以下趋势。

(1) 以深度学习方法为代表的人工智能技术快速发展和应用

以深度学习方法为代表的人工智能（Artificial Intelligence，AI）技术在智能网联汽车上正得到快速应用。尤其在环境感知领域，深度学习方法已凸显出巨大的优势，正在以惊人的速度替代传统机器学习方法。深度学习方法需要大量的数据作为学习的样本库，对数据采集和存储提出了较高需求。但是，深度学习方法还存在内在机理不清晰、边界条件不确定等缺点，需要与其他传统方法融合使用以确保可靠性，且目前也受车载芯片处理能力的限制。

(2) 激光雷达等先进传感器加速向低成本和小型化发展

激光雷达相对于毫米波雷达等其他传感器具有分辨率高、识别效果好等优点，已越来越成为主流的智能网联汽车用传感器；但其体积大、成本高，同时也更易受雨雪等天气条件影响，这导致它现阶段难以实现大规模商业化应用。目前，激光雷达正在向低成本、小型化的固态扫描或机械固态混合扫描形式发展，但仍需要克服光学相控阵易产生旁瓣影响探测距离和分辨率，及繁复的精密光学调装影响量产规模和成本等问题。

(3) 自主式智能与网联式智能技术加速融合

网联式系统能从时间和空间维度突破自主式系统对于车辆周边环境的感知能力。在时间维度，通过V2X通信，系统能够提前获知周边车辆的操作信息、红绿灯等交通控制系统信息，以及气象条件、拥堵预测等更长期的未来状态信息；在空间维度，通过V2X通信，系统能够感知交叉路口盲区、弯道盲区、车辆遮挡盲区等位置的环境信息，从而帮助自动驾驶系统更全面地掌握周边交通态势。网联式智能技术与自主式智能技术相辅相成，互为补充，正在加速融合发展。

(4) 高速公路自动驾驶与低速区域自动驾驶系统将率先应用

高速公路与城市低速区域将是自动驾驶系统率先应用的2个场景。高速公路的车道线、标志牌等结构化特征清晰，交通环境相对简单，适合车道偏离预警、车道保持系统、自动制动、自适应巡航控制等驾驶辅助系统的应用。目前，市场上常见的特斯拉等自动驾驶汽车就是L1~L2级自动驾驶技术的典型应用。而在特定的城市低速区域内，可提前设置好高精度定位、V2X等支撑系统，采集好高精度地图，这有利于实现在特定区域内的自动驾驶，如自动物流运输车、景区自动摆渡车、园区自动通勤车等。

1.4.4 智能网联汽车发展的重点产品

智能网联汽车发展的重点产品主要有基于网联的车载智能信息服务系统、驾驶辅助级智能汽车、部分或高度自动驾驶级智能汽车、完全自动驾驶级智能汽车等。

(1) 基于网联的车载智能信息服务系统

在现有远程信息服务系统基础上，为驾驶和出行提供交通、资讯、车辆运行状态及智能控制等信息服务，突出信息化和人机交互升级；逐步普及远程通信功能，部分实现V2X短程通信功能，信息可用于智能化控制。

(2) 驾驶辅助级智能汽车

制定中国版智能驾驶辅助标准，基于车载传感器实现智能驾驶辅助，可提醒驾驶员干预车辆，突出安全性、舒适性和便利性，驾驶员对车辆应保持持续控制。

(3) 部分或高度自动驾驶级智能汽车

制定中国版乘用车城市智能驾驶标准和高速公路智能驾驶标准；乘用车逐步实现部分自

动或高度自动驾驶，突出舒适性、便利性、高效机动性和安全性，实现网联信息的安全管理；制定中国版商用车城郊智能驾驶标准和高速公路智能驾驶标准，商用车逐步实现部分自动或高度自动驾驶，以网联智能管理和编队控制技术突破为主，提高运输车辆的运行效率、经济性、安全性和便利性。

（4）完全自动驾驶级智能汽车

制定中国版完全自动驾驶标准，基于多源信息融合、多网融合，利用人工智能、深度挖掘及自动控制技术，配合智能环境和辅助设施实现自动驾驶，可改变出行模式、消除拥堵、提高道路利用率。

第 2 章 环境感知技术

2.1 摄像头

2.1.1 摄像头概述

（1）车载摄像头的定义

摄像头也称视觉传感器，首先采集图像，将图像转换为二维数据；然后，对采集的图像（车道、行人、车道线、交通标志等）进行模式识别，通过图像匹配算法识别行驶过程中的车辆、行人、交通标志等；最后，依据目标物体的运动模式或使用双目定位技术，来估算目标物体与本车的相对距离和相对速度。

车载摄像头主要用于检测路面的车道线、障碍物、交通标识牌、地面标识交通信号和通行空间。

（2）典型车载摄像头

① LI-USB30-AR023ZWDR 摄像头。LI-USB30-AR023ZWDR 摄像头（图 2-1）采用标准 USB 3.0，由 Leopard Imaging 公司制造。该系列产品基于 AR0230 1080P 传感器和安森美半导体的 AP0202 ISP。它支持外部触发和软件触发。

图 2-1　LI-USB30-AR023ZWDR 摄像头

在百度 Apollo 平台上，建议使用 3 个摄像头，两个带 6mm 镜头的摄像头和一个带 25mm 镜头的摄像头，以达到交通灯检测应用所需的性能。

该摄像头可通过 USB 3.0 电缆连接到 IPC（控制模块），用于电源和数据通信。外部触发信号可通过 HR25-7TP-8P（72）连接器发送到摄像头。

② Argus 摄像头。Argus 摄像头（图 2-2）是由 Truly Semiconductors 和百度联合投资开发的产品。Argus 摄像头具有高动态范围（HDR 120dB），内部/外部触发和 OTA 固件更新。它能很好地匹配 Apollo 传感器单元。该系列产品基于安森美半导体的 AR0230 1080P 传感器和 AP0202 ISP。

图 2-2　Argus 摄像头

③ Wissen 摄像头。Wissen 摄像头（图 2-3）是 Wissen Technology 和百度联合投资开发的产品。该系列相机具有高动态范围（HDR 120dB），内部/外部触发和 OTA 固件更新。

图 2-3　Wissen 摄像头

该摄像头同样可通过 FAKRA 连接器连接到 Apollo 传感器单元，以进行数据传输、触发和 OTA 固件更新。

（3）摄像头组成及成像原理

摄像头主要由光源、镜头、图像传感器、模/数转换器、图像处理器、图像存储器等组成。摄像头一般具有视频摄像/传播和静态图像捕捉等基本功能，它的原理是借由镜头采集图像后，由摄像头内的感光组件电路及控制组件对图像进行处理并转换成电脑所能识别的数字信号，然后借由并行端口或 USB 连接输入到电脑后由软件再进行图像还原，存储到存储介质当中，如图 2-4 所示。

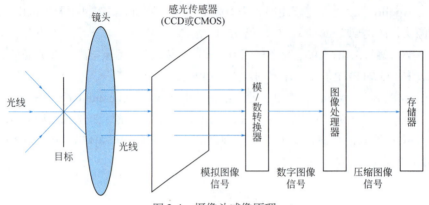

图 2-4　摄像头成像原理

（4）车载摄像头的优缺点

现今摄像头技术比较成熟，使得其使用成本较为低廉；采集的信息十分丰富，包含能直观获取最基本人类视觉的语义信息。但是首先，基于视觉的感知技术受光线、天气影响较大，在恶劣天气和类似于隧道内的昏暗环境中其性能难以得到保障；其次，物体识别基于机器学习资料库，需要的训练样本很大，训练周期长，也难以识别非标准障碍物；此外，由于广角摄像头的边缘畸变，得到的距离准确度较低。

2.1.2　单目摄像头

单目摄像头如图 2-5 所示，一般安装在前挡风玻璃上部，用于探测车辆前方环境，识别道路、车辆、行人等。先通过图像匹配进行目标识别（各种车型、行人、物体等），再通过目标在图像中的大小去估算目标距离。这就要求对目标进行准确识别，然后要建立并不断维护一个庞大的样本特征数据库，保证这个数据库包含待识别目标的全部特征数据。如果缺乏待识别目标的特征数据，就无法估算目标的距离，导致 ADAS 的漏报。

图 2-5　单目摄像头

单目摄像头的优点是成本低廉，能够识别具体障碍物的种类，识别准确，也就是说可先识别出障碍物是车、人还是其他。由于很多图像算法的研究都是基于单目摄像头开发的，因此相对于其他类别的车载摄像头，单目摄像头的算法成熟度更高。

单目摄像头的缺点是由于其识别原理导致其无法识别没有明显轮廓的障碍物，工作准确率与外部光线条件有关，并且受限于数据库，没有自学习功能。而且视野完全取决于镜头，单目摄像头的视角越宽，可以实现的精确检测距离越近；视角越窄，可以检测到的精确距离越远。目前的辅助驾驶领域的单目摄像头可识别 40 ～ 120m 的范围，未来将达到 200m 或更远。物体越远，测距的精度越低。

单目摄像头是自动驾驶车辆系统中最重要的传感器之一，通过车道线检测和车辆检测，可以实现车道保持和自适应巡航功能，如图 2-6 所示。它具有成本低、帧速率高、信息丰富、检测距离远等优点，但易受光照、气候等环境影响，缺乏目标距离等深度信息，对目标速度的测量也有一定影响。

图 2-6　单目摄像头位置及应用

2.1.3　双目摄像头

双目摄像头（图 2-7）是通过对两幅图像视差的计算，直接对前方景物（图像所涉及的范围）进行距离测量，因此无须判断前方出现的物体是什么类型的障碍物，不用像单目摄像头那样建立并维护庞大的样本特征数据库。依靠两个平行布置的摄像头产生的视差，找到同一物体所有的点，依赖精确的三角测距，就能够算出摄像头与前方障碍物的距离，实现更高的识别精度和更远的探测范围。使用这种方案，需要两个摄像头有较高的同步率和采样率，因此技术难点在于双目标定位以及双目定位。相比单目，双目的解决方案没有识别率的限制，无须先识别再测量；直接利用视差计算距离精度更高；无须维护样本数据库。

图 2-7　双目摄像头

双目摄像头在距离测算上相比单目摄像头以及其他感知技术对硬件及计算量的要求都上了一个新台阶，这也是双目视觉方案在应用时遇到的一个难关。双目摄像头的测距精度依赖两个摄像头的安装距离，对安装精度和设备刚性也有较高的要求。

2013 年 10 月，斯巴鲁推出第三代 Eyesight（智能驾驶安全辅助系统），与第二代相比，像素从 30 万提升到 100 万，两个摄像头之间的距离还是 350mm，如图 2-8 所示。每秒传输 30 帧，从 CCD 图像传感器改变为彩色 CMOS 图像传感器，最远探测距离从第二代的 70m 提高到 100m，同时检测角扩大了 40%（视野更宽）。该双目系统，从 2009 年推出到现在一直全球领先。

图 2-8　斯巴鲁第三代 Eyesight 双目摄像头

2.1.4　多目摄像头

（1）三目摄像头

三目摄像头是三个不同焦距单目摄像头的组合。由于单目摄像头和双目摄像头都存在某些缺陷，因此，很多智能网联汽车采用了三目摄像头方案。宝马 3 系自动驾驶辅助系统 Pro 配备的 1 组前视三目摄像头如图 2-9 所示。

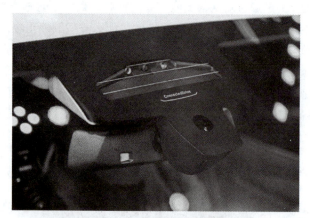

图 2-9　宝马 3 系三目摄像头

如图 2-10 所示，三目摄像头根据每个摄像头的焦距不同，每个摄像头的感知范围也不尽相同，划分为不同的视场角，如 250m 视场、60m 视场和 150m 视场。其中，250m 视场探测距离远，用于检测前车道线、交通灯；60m 视场探测距离和范围均衡，用于一般的道路状况监测；150m 视场探测范围广，用于检测平行车道、行人和非机动车行驶的状况。可以有效获得道路状况、行人和交通灯等信息。

对车载摄像头来说，感知的范围要么损失视野，要么损失距离。三目摄像头能较好地弥补感知范围的问题。三目摄像头的缺点是需要同时标定三个车载摄像头，因此工作量更大一些。其次软件部分需要关联三个车载摄像头的数据，对算法要求也很高。

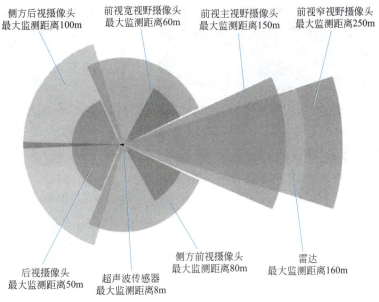

图 2-10 三目摄像头感知范围

（2）环视摄像头

环视摄像头的镜头是鱼眼镜头，一般至少包含四个摄像头，分别安装在汽车的前、后、左、右侧，如图 2-11 所示，实现 360°环境感知，难点在于畸变还原与图像之间的对接。通过标定值进行图像的投影变换，可将图像还原成俯视图的样子。然后对四个方向的图像进行拼接，再在四幅图像的中间放上一张车的俯视图，即可实现从车顶往下看的效果，如图 2-12 所示。

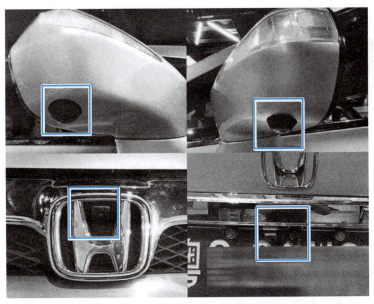

图 2-11 某车型鱼眼摄像头的安装位置

环视摄像头的感知范围并不大，主要用于车身 5～10m 内的障碍物检测、自主泊车时的库位线识别等。

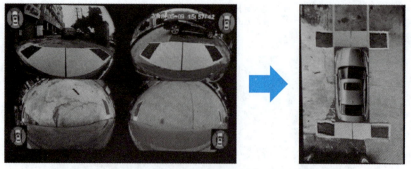

图 2-12　四个方向的鱼眼采集的图像拼接成全车周围俯视图

2.2　超声波雷达

2.2.1　超声波雷达概述

声音以波的形式传播称为声波。频率小于 20Hz 的声波称为次声波；频率为 20～20000Hz 的声波就是人能够听见的声波；频率大于 20000Hz 的声波为超声波。超声波的方向性好，反射能力强，易于获得较集中的声能。

超声波雷达是利用超声波的特性研制而成的传感器，超声波雷达利用超声波发射装置从向外发出超声波，到通过接收器接收到反射回来超声波的时间差来计算距离，即通过接收反射后的超声波探知周围的障碍物情况。它可以解决驾驶员泊车、倒车和启动车辆时前、后、左、右探视带来的麻烦，帮助驾驶员消除人盲点和视线模糊缺陷，提高行车安全性，如图 2-13 所示。

图 2-13　超声波雷达示意图

常用超声波雷达（探头）的工作频率有 40kHz、48kHz 和 58kHz 三种。一般来说，频率越高灵敏度越高，但水平与垂直方向的探测角度就越小，目前应用比较广泛的是 40kHz 的超声波探头，其测距精度一般为 1～3cm。

2.2.2　超声波雷达类型

车载超声波雷达主要分为 UPA 和 APA 两大类，两者对比见表 2-1。UPA 是安装在汽车前后保险杠上的，也就是用于测量汽车前后障碍物的倒车雷达，称为超声波泊车辅助（UItrasonic Parking Assistant，UPA）传感器；APA 是安装在汽车侧面的，用于测量侧方障碍物距离的超声波雷达，称为自动泊车辅助（Automatic Parking Assistant，APA）传感器。

表 2-1　UPA 与 APA 超声波雷达的对比

类型	安装位置	作用	探测距离
UPA	保险杠处	探测前后障碍物	15～250cm
APA	车身侧面	探测侧方停车空间	30～500cm

UPA 是一种短程超声波雷达，检测范围为 15～250cm，由于检测距离小，多普勒效应和温度干扰小，检测更准确。APA 是一种远程超声波雷达，检测范围为 30～500cm，可覆盖一个停车位，方向性强，探头的波传播性能优于 UPA，相比于 UPA 成本更高，功率更大。

UPA 和 APA 的探测范围和探测区域示意图如图 2-14 所示，图中的汽车装配了前后方向各四个 UPA，左右两侧各两个 APA，APA 的探测距离优势让它不仅能够检测左右侧的障碍物，而且还能依据超声波雷达返回的数据判断停车位是否存在。因此，可用于自动泊车时的泊车库位检测。

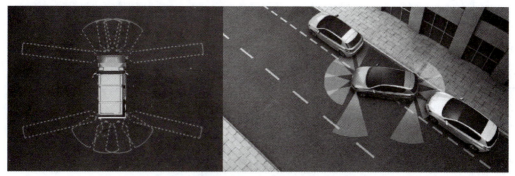

图 2-14　UPA 和 APA 的探测范围和探测区域示意图

2.2.3　超声波雷达组成及工作原理

超声波雷达是利用超声波的特性研制而成的传感器，是在超声波频率范围内将交变的电信号转换成声信号或将外界声场中的声信号转换为电信号的能量转换器件。

超声波雷达主要由发射装置、接收装置、控制部分（单片机）与电源等组成，如图 2-15 所示。超声波雷达有一个发射头和一个接收头，安装在同一面上。在有效的检测距离内，发射头发射特定频率的超声波，遇到检测面反射部分超声波，接收头接收返回的超声波，由芯片记录声波的往返时间，并计算出距离值。

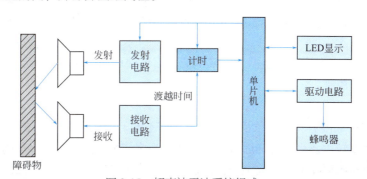

图 2-15　超声波雷达系统组成

超声波雷达工作原理如图 2-16 所示。超声波在空气中的传播速度为 340m/s，发射点与障碍物表面之间的距离 s 可以根据计时器记录的时间 t 进行计算。

计算公式为：$s=340t/2$。

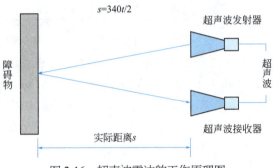

图 2-16　超声波雷达的工作原理图

2.2.4　超声波雷达的特点

① 超声波雷达有效探测距离非常短，一般在 10m 之内，但会有一个最小探测盲区，一般为几十毫米，如图 2-17 所示。

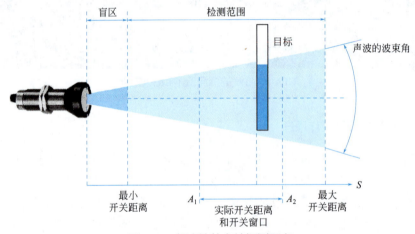

图 2-17　超声波的有效探测距离

② 超声波雷达对色彩、光照度不敏感，可适用于识别透明、半透明及漫反射差的物体。

③ 超声波雷达对外界光线和电磁场不敏感，可用于黑暗、有灰尘或烟雾、电磁干扰强、有毒等恶劣环境中。

④ 超声波雷达结构简单，体积小，成本低，信息处理简单可靠，易于小型化与集成化，并且可以进行实时控制。

⑤ 超声波雷达适用于低速状态，在速度很高的情况下测量距离具有一定的局限性。这是因为超声波的传播速度容易受天气情况的影响，在不同的天气情况下，超声波的传播速度不同，而且传播速度较慢。当汽车高速行驶时，使用超声波测距无法跟上汽车的车距实时变化，误差较大；超声波散射角大，方向性较差，在测量较远距离的目标时，其回波信号会比较弱，影响测量精度。但是，在短距离低速测量中，超声波雷达具有非常大的优势。

⑥ 超声波雷达的波速和温度有关。例如，温度在0℃时，超声波的传播速度为332m/s；温度在30℃时，超声波的传播速度为350m/s。相同相对位置的障碍物，在不同温度的情况下，测量的距离不同。因此，对传感器精度要求极高的智能网联汽车来说，可以选择将超声波雷达的测距进行保守计算；或者将温度信息引入智能网联汽车系统中，提升测量精度。

2.3 毫米波雷达

2.3.1 毫米波雷达概述

毫米波雷达是工作在毫米波波段的探测雷达，通常毫米波是指频率在30～300GHz（波长为1～10mm）的电磁波。毫米波雷达向周围发射电磁波，通过测定和分析反射波，来计算障碍物相对于雷达的距离、运动速度和方位角信息。

车载毫米波雷达分类如图2-18所示。

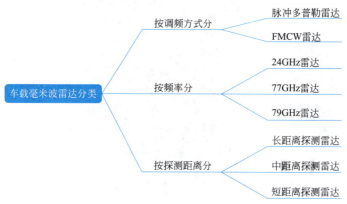

图2-18 车载毫米波雷达分类

（1）按照调频方式分类

按照调频方式分有脉冲多普勒雷达、调频连续波（FMCW）雷达，在汽车雷达领域，调频连续波（FMCW）雷达比较常见。调频连续波（FMCW）基本原理是发射波为高频连续波，其频率随时间按照三角波规律变化。接收的回波频率与发射的频率变化规律相同，都是三角波规律，只是有一个时间差，利用这个微小的时间差可计算出目标距离。

（2）按照探测距离分类

按照探测距离分有短距离毫米波雷达（SRR）、中距离毫米波雷达（MRR）、长距离毫米波雷达（LRR）3种。

（3）按照频率分类

应用在智能网联汽车领域的毫米波雷达主要有3个频段，分别是24GHz、77GHz和79GHz。不同频段的毫米波雷达有着不同的性能。

24GHz毫米波雷达主要用于50～70m的短、中距离的检测，因此常用于检测近处的障碍物，为换道决策提供感知信息。它在ADAS中实现盲点监测（BSD）、换道辅助（ICA）、自动泊车辅助（PA）等功能。

77GHz 毫米波雷达主要用于 100～250m 的中、长距离的检测，实现诸如自适应巡航（ACC）、前碰撞预警（FCW）、自动紧急制动（AEB）等功能，同时也能满足自动驾驶领域对障碍物距离、速度和角度的测量需求。

79GHz 毫米波雷达能够实现的功能与 77GHz 相同，也用于长距离的测量。

根据公式：光速＝波长 × 频率，频率＝1/周期（$t = \lambda f$，$f = 1/T$）。频率越高的毫米波雷达，其波长越短。波长越短，意味着分辨率越高；而分辨率越高，意味着在距离、速度和角度上的测量精度更高。因此，79GHz 的毫米波雷达必然是未来的发展趋势。

2.3.2 毫米波雷达结构组成

毫米波雷达主要由高频 PCB 板、前端单片 PCB、壳体组成。其外观和内部结构如图 2-19 所示。

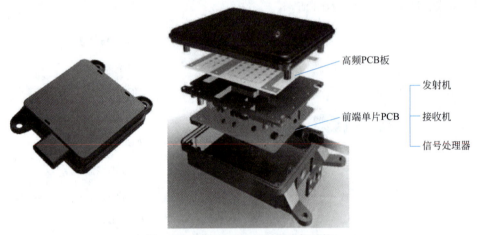

图 2-19 毫米波雷达外观和内部结构

高频 PCB 板：当前毫米波雷达天线的主流方案是微带阵列将线集成在高频 PCB 板上。在较小的集成空间中保持天线足够的信号强度。雷达天线的作用是将电能与电磁波之间进行转换，其包括发射天线和接收天线。

前端单片 PCB：前端单片 PCB 又称为前端微波集成电路（MMIC），负责信号的调制发射、接收及回波信号的解调。前端单片 PCB 是一种多功能电路，具有电路损耗小、噪声低、频带宽、动态范围大、功率大、附加效率高、抗电磁辐射能力强等特点。

前端单片 PCB 由发射机、接收机、信号处理器等组成。

发射机：生成射频电信号。

接收机：将射频电信号转换为低频信号。

信号处理器：从信号中抽取出距离、速度、方位角等信息。

2.3.3 调频连续波（FMCW）雷达测量原理

目前，车载毫米波雷达主要采用调频连续波雷达。调频连续波雷达可利用多普勒效应测量得出目标的距离和速度，它通过发射源向给定目标发射微波信号，并分析发射信号频率和反射信号频率之间的差值，精确测量出目标相对于毫米波雷达的运动速度等信息。

雷达调频器通过天线发射微波信号，发射信号遇到目标后，经目标的反射会产生回波信号，发射信号与回波信号相比形状相同，时间上存在差值；当目标与毫米波雷达信号发射源之间存在相对运行时，发射信号与回波信号之间除存在时间差外，还会产生多普勒频率，如图 2-20 所示。

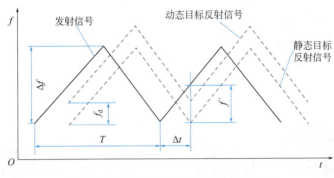

图 2-20　调频式连续毫米波雷达测量原理

毫米波雷达测量的距离和速度分别为

$$s = \frac{c\Delta t}{2} = \frac{cTf'}{4\Delta f}$$

$$u = \frac{cf_\mathrm{d}}{2f_\mathrm{o}}$$

式中，s 为相对距离；c 为光速；Δt 为发射信号与回波信号的时间间隔；T 为信号发射周期；f' 为发射信号与反射信号的频率差；Δf 为调频带宽；f_d 为多普勒频率；f_o 为发射信号的中心频率；u 为相对速度。

2.3.4　毫米波雷达的工作过程

毫米波雷达的工作过程如图 2-21 所示，它通过天线向外发射毫米波，接收机接收目标反射信号，经信号处理器处理后快速准确地获取汽车周围的环境信息，如汽车与其他物体之

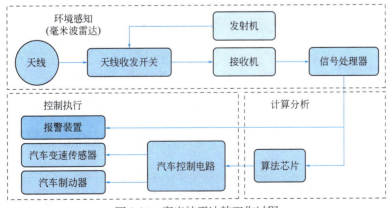

图 2-21　毫米波雷达的工作过程

间的相对距离、速度、角度、运动方向等，然后根据所探知的物体信息进行目标追踪和识别，进而结合车身动态信息进行数据融合，最终通过中央处理单元进行智能处理。经合理决策后，以声、光及触觉等多种方式告知或警告驾驶员，或及时对汽车做出主动干预，从而保证汽车行驶的安全性和舒适性，减少事故发生率。

2.3.5 常用毫米波雷达

（1）ARS 408-21 毫米波雷达

如图 2-22 所示，这款 Continental 公司出品的 ARS 408-21 毫米波雷达具有开阔的视角，实现了远距离探测的功能。因此，自适应巡航控制、前方碰撞警告和紧急辅助刹车都得以较简单地实现，并且它还可以独立侦测静止物体。

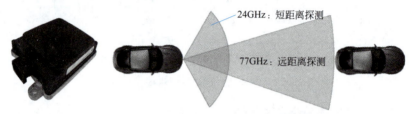

图 2-22　ARS 408-21 毫米波雷达外观和探测范围

（2）B01HC 毫米波雷达

如图 2-23 所示，B01HC 是北京理工雷科电子信息技术有限公司自主研发的 77GHz 毫米波汽车防撞雷达，采用了 MIMO 虚拟孔径技术，实现了更好的精度、更高的角分辨率、更小的体积，并兼容了近远距探测功能，可在全工况条件下，对车辆行驶环境和其他车辆目标进行实时探测，是无人驾驶及 ADAS（先进驾驶辅助系统）的核心传感器。

技术项	指标	技术项	指标
探测距离	远距：1~180m	角分辨率	10°
	近距：1~60m	测速范围	-100~40m/s
距离分辨率	远距：1.5m	速度分辨率	0.3m/s
	近距：1.0m	速度精度	±0.1m/s
距离精度	远距：±0.6m	探测周期	50ms
	近距：±0.2m	探测目标数量	64
探测范围	水平：≥±10°（远距）	工作频率	76~77GHz
	≥±40°（近距）		
	俯仰：≥±8°		

图 2-23　B01HC 毫米波雷达及其性能参数

77GHz 毫米波汽车防撞雷达，作为 ADAS 及无人驾驶技术的核心传感器，可用于感知车辆运行环境，为车辆提供前防撞功能；可识别道路上大量的潜在危险；目标物体分为轿车、行人、自行车等。

2.3.6 毫米波雷达的应用

24GHz 与 77GHz 毫米波雷达兼备于 ADAS 的长短距检测。毫米波雷达因其硬件体积小，且不受恶劣天气影响，被广泛应用在 ADAS 之中。24GHz 目前大量应用于汽车的盲点监测、变道辅助。雷达安装在车辆的后保险杠内，用于监测车辆后方两侧的车道是否有车、可否进行变道。77GHz 雷达在探测精度与距离上优于 24GHz 雷达，主要用来装配在车辆的前保险杠上，探测与前车的距离以及前车的速度，实现的主要是紧急制动、自动跟车等主动安全领域的功能。完全实现 ADAS 各项功能一般需要"1 长 +4 中短"5 个毫米波雷达。奥迪 A8 搭载 5 个毫米波雷达（1LRR+4MRR）；奔驰 S 级搭载 7 个毫米波雷达（1LRR+6SRR），如图 2-24 所示。

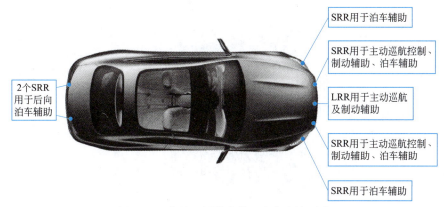

图 2-24 奔驰 S 级搭载的 7 个毫米波雷达

2.4 激光雷达

2.4.1 激光雷达概述

激光雷达（Light Detection and Ranging，LiDAR）又称光学雷达，是工作在光波频段的雷达，它利用光波频段的电磁波先向目标发射探测信号，然后将其接收到的回波信号与发射信号相比较，从而获得目标的位置（距离、方位和高度）、运动状态（速度、姿态）等信息，实现对目标的探测、跟踪和识别。

在激光雷达领域内，领先的公司有美国的 Velodyne、Luminar，以色列的 Innoviz，德国的 Valeo，国内有禾赛光电科技、速腾聚创（RoboSense）、光珀智能、北醒光子等。

激光雷达有的安装在智能网联汽车的车顶，有的安装在智能网联汽车的四周，如图 2-25 所示。安装在智能网联汽车或无人驾驶汽车四周的激光雷达，其激光线束数目一般小于 8，常见的有单线束激光雷达和 4 线束激光雷达，适用于 L3 级以下；安装在智能网联汽车或无人驾驶汽车车顶的激光雷达，其激光线束数目一般不小于 16，常见的有 16/32/64 线束激光雷达，适用于 L3 级以上，L5 级甚至会使用 128 线束激光雷达。少线束激光雷达主要用于智能网联汽车的先进驾驶辅助系统，多线束激光雷达主要用于制作无人驾驶汽车的高精度地图，并进行道路和车辆的识别等。

图 2-25　车上激光雷达安装位置

2.4.2　激光雷达的基本组成和工作原理

多线旋转式激光雷达主要由激光发射器、光学接收器、伺服电动机、光学旋转编码器、倾斜镜等构成，如图 2-26 所示。

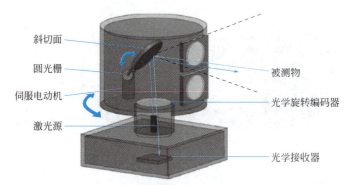

图 2-26　多线旋转式激光雷达结构

激光发射器将电脉冲变成光脉冲发射出去，光学接收器再把从目标反射回来的光脉冲还原成电脉冲，将连续检测获取的 360° 环境信息进行数据处理，得到呈现出一系列分散的、具有准确角度和距离信息的点，称为点云，点云图如图 2-27 所示。激光束越多，扫描频率越快，对环境中物体轮廓的获取就越全面。

图 2-27　激光雷达工作过程中的点云图

激光雷达向目标物体发射激光，然后根据接收反射激光的时间间隔确定目标物体的实际距离，如图 2-28 所示。同时结合这束激光的发射角度，利用简单的三角函数原理推导出目标的位置信息。激光雷达能够确定物体的位置、大小、外貌甚至材质。

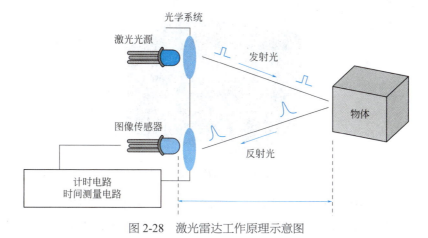

图 2-28 激光雷达工作原理示意图

2.4.3 激光雷达类型

（1）激光雷达根据有无机械旋转部件分类

激光雷达根据有无机械旋转部件，可分为机械激光雷达、固态激光雷达和混合固态激光雷达。

① 机械激光雷达。机械激光雷达带有控制激光发射角度的旋转部件，体积较大，价格昂贵，测量精度相对较高，一般置于汽车顶部。

美国威力登（Velodyne）HDL-64E 机械激光雷达采用 64 线束激光规格，性能出众，能够描绘出周围空间的 3D 形态，精度极高，甚至能够探测出百米内人类的细微动作。

HDL-64E 机械激光雷达已经在谷歌、百度等公司的无人驾驶测试车上使用，如图 2-29 所示。

图 2-29 百度无人驾驶测试车使用的 HDL-64E 机械激光雷达

HDL-64E 机械激光雷达的缺点是体积大，装配复杂，成本高，机械旋转部件在行车环境下的可靠性不高，难以符合车规的严苛要求。

② 固态激光雷达。固态激光雷达则依靠电子部件来控制激光发射角度，无须机械旋转部件，故尺寸较小，可安装于车体内。

Quanergy 公司在 2016 年发布全球首款的固态激光雷达 S3，如图 2-30 所示，它采用了相控阵新技术，在宏观和微观上都不含任何旋转活动部件，很大程度上提高了产品的使用寿命和成本，实现了小型化。

图 2-30　固态激光雷达 S3

紧凑型固态激光雷达 S3 可安装于任何车辆的车身内，确保不会牺牲设计美学和空气动力学。该传感器能够执行可靠、实时的三维（3D）测图和对象侦测、跟踪与分类，为自动驾驶汽车提供支持。

在效果上，固态激光雷达 S3 可以达到厘米级精度，30Hz 的扫描频率，0.1°的角分辨率，以及不同天气条件下的高稳定性，这些特性比起一般的激光雷达，更具竞争力。虽然只有 8 线束，但是每秒可以扫描接近 0.5 个百万点，产生 50 万点的点云数据量，即横向扫描的时候，横向的角分辨率非常高。

为了降低激光雷达的成本，也为了提高可靠性，满足车规的要求，激光雷达的发展方向是从机械激光雷达转向固态激光雷达。

③ 混合固态激光雷达。混合固态激光雷达介于固态激光雷达和机械式激光雷达之间，从外观上看，混合固态激光雷达基本看不到旋转部件，但其实内部仍存在一些机械旋转部件。混合固态激光雷达采用固定激光光源，通过内部玻璃片旋转的方式改变激光光束方向，实现多角度检测的需要，并且采用嵌入式安装。

（2）激光雷达根据线束数量分类

根据线束数量的多少，激光雷达又可分为单线束激光雷达与多线束激光雷达。

① 单线束激光雷达。单线束激光雷达扫描一次只产生一条扫描线，其所获得的数据为 2D（二维）数据，因此无法区别有关目标物体的 3D（三维）信息。不过，单线束激光雷达具有测量速度快、数据处理量少、在测量周围物体障碍物的距离和精度上更加精确等特点。但是，单线激光雷达只能平面式扫描，不能测量物体高度，有一定局限性。目前，单线束激光雷达主要应用于服务机器人领域，如扫地机器人。在智能车上，单线激光雷达主要用于规避障碍物、地形测绘等领域。

2019 年 5 月 15 日举办的商汤人工智能峰会上，商汤推出了《人工智能入门》教材、SenseStudy·AI 实验平台、SenseRover Pro 自动驾驶小车等一系列新产品，把受众扩展至初中生甚至小学生，真正做到了自动驾驶从娃娃抓起。值得一提的是，SenseRover 系列小车体型虽小，但是传感器的种类齐全，俨然是小号的自动驾驶测试车，如图 2-31 所示。中小学生在经过短时间的学习之后，就能使用简单的算法来让小车实现一些自动驾驶功能。SenseRover Pro 小车配备了最基础的单线束激光雷达，但是它能起到的作用是非常大的。结合 SenseStudy·AI 实验平台，SenseRover Pro 小车可以实现车道线识别、信号灯交通标志识别、行人检测、避障等多项功能。

② 多线束激光雷达。多线束激光雷达扫描一次可产生多条扫描线，目前市场上多线束激光雷达产品包括 4 线束、8 线束、16 线束、32 线束、64 线束等，其细分可分为 2.5D 激光雷达及 3D 激光雷达。2.5D 激光雷达与 3D 激光雷达最大的区别在于激光雷达垂直视野的范围，前者垂直视野范围一般不超过 10°，而后者可达到 30° 甚至 40° 以上，这也就导致两者对于激光雷达在汽车上的安装位置要求有所不同。

图 2-31 单线束激光雷达及应用

奥迪 A8 为了实现 L3 级别的自动驾驶，在汽车的进气格栅下布置了 4 线束激光雷达，如图 2-32 所示。4 线束激光雷达将 4 个激光发射器进行轮巡，一个轮巡周期后，得到一帧的激光点云数据。4 条点云数据可以组成面状信息，这样就能够获取障碍物的高度信息；根据单帧的点云坐标，可得到障碍物的距离信息；根据多帧的点云坐标，对距离信息做微分处理，可得到障碍物的速度信息。

图 2-32 奥迪 A8 上应用的固态激光雷达

美国威力登（Velodyne）公司开发的 VLP-16、HDL-32E、HDL-64E、VLS-128（128 线束激光雷达）如图 2-33 所示，其相应的重要参数见表 2-2。128 线束激光雷达的探测距离约是 HDL-64E 的 3 倍，达到 300m，分辨率则是其 10 倍，尺寸缩小了 70%。该产品是为 L5 级别自动驾驶而开发的。

此外，按照功能用途可分为激光测距雷达、激光测速雷达、激光成像雷达、大气探测雷达、跟踪雷达等；按照激光发射波形分类，可分为连续型激光雷达和脉冲型激光雷达；按照载荷平台分类，可分为机载激光雷达和车载激光雷达等；按照探测方式分类，可分为直接探测激光雷达和相干探测激光雷达。

表 2-2 Velodyne 激光雷达参数

产品	通道数	探测距离 /m	测量精度 /cm	垂直视角 /（°）	垂直角分辨率/（°）	水平视角 /（°）	水平视角分辨率/（°）	数据量（万点/s）
VLP-16	16	100	±3	−15～+15	2	360	0.1～0.4	30
HDL-32E	32	100	±2	−30～+10	1.33	360	0.1～0.4	139
HDL-64E	64	120	±2	−24.8～+2	0.4	360	0.08～0.35（可调）	220
VLS-128	128	300	±3	−25～+15	0.11	360	0.1～0.4	960

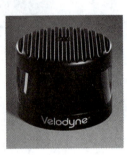

(a) VLP-16　　(b) HDL-32E　　(c) HDL-64E　　(d) VLS-128

图 2-33 美国威力登（Velodyne）多线激光雷达

2.4.4 激光雷达特点

激光雷达优点：

① 探测范围广。探测距离可达 300m 以上。

② 分辨率高。激光雷达可以获得极高的距离、速度和角分辨率。通常激光雷达的距离分辨率可达 0.1m；速度分辨率能达到 10m/s；角分辨率不低于 0.1°。也就是说可以分辨 3km 距离内相距 0.3m 的两个目标，并可同时跟踪多个目标。

③ 信息量丰富。可直接获取探测目标的距离、角度、反射强度、速度等信息，生成目标多维度图像。

④ 可全天候工作。激光主动探测，不依赖于外界光照条件或目标本身的辐射特性，它只需发射自己的激光束，通过探测发射激光束的回波信号来获取目标信息。

⑤ 激光雷达探测精度高。激光雷达测量精度可达厘米级别。

激光雷达缺点：

① 与毫米波雷达相比，产品体积大，成本高。

② 不能识别交通标志和交通信号灯。

2.4.5 车载激光雷达的应用场景

智能网联汽车通过激光雷达对周边环境进行扫描识别，从而引导车辆行进。激光雷达在智能网联汽车中起着类似于"眼睛"的功能,能够根据扫描到的点云数据快速绘制 3D 全景地图。主要应用场景有障碍物分类、障碍物跟踪与轨迹预测、沿路可行驶区域检测、车道标志线检测、高精度定位等。

(1)障碍物分类

激光雷达可对周围障碍物进行扫描,对障碍物的形状特征进行提取,对比数据库原有特征数据,进行障碍物分类,如图 2-34 所示。激光雷达将小轿车、大货车和自行车等进行了分类。

图 2-34　障碍物分类

(2)障碍物跟踪与轨迹预测

激光雷达采用相关算法对比障碍物前后帧变化,利用同一障碍物的坐标变化,实现对障碍物的速度和航向的检测跟踪,为后续避障提供可靠的数据信息,如图 2-35(a)所示。

障碍物轨迹预测。根据激光雷达的感知数据与障碍物所在车道的拓扑关系(道路连接关系)进行障碍物的轨迹预测,以此作为无人驾驶汽车规划(避障、换道、超车等)的判断依据,如图 2-35(b)所示。

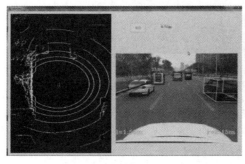

(a)障碍物跟踪　　　　　　　　　　　　(b)轨迹预测

图 2-35　障碍物跟踪与轨迹预测

(3)高精度地图制作和高精度定位

智能网联汽车利用多线束激光雷达的点云信息与车载组合惯导采集的信息,进行高精度地图制作并利用激光点云信息与高精度电子地图匹配,以此实现高精度定位,如图 2-36 所示。

图 2-36　高精度地图制作和高精度定位

2.5　红外夜视系统

2.5.1　红外夜视系统的组成

智能网联汽车用的红外传感器也称红外摄像头。红外夜视系统里面，红外传感器探测外部环境，并且在车辆前方判断是否进入道路范围，有助于车主在光照不足的情况下，把具有生物特征的障碍物予以呈现，以此提醒车主，从而减少交通事故。红外夜视系统检测效果图如图 2-37 所示。

图 2-37　红外夜视系统检测效果图

据美国国家高速公路交通安全管理局（NHTSA）的统计，夜间行车在整个公路交通中只占 1/4，发生的交通事故却占了一半，而由夜间视线不良所造成的事故占了 70%。夜间可见光成像的信噪比较低，从而导致前照灯夜间成像效果不佳，而红外夜视系统可以弥补光照不足条件下前照灯的缺点。红外夜视系统的可视范围是前照灯的数倍，可以有效地提高安全性，近光灯的可视范围为 30～40m，远光灯有效范围在 80～120m，红外夜视系统的可视范围为 150～400m。

红外夜视系统基本由红外传感器、夜视处理单元、显示器组成，如图 2-38 所示。

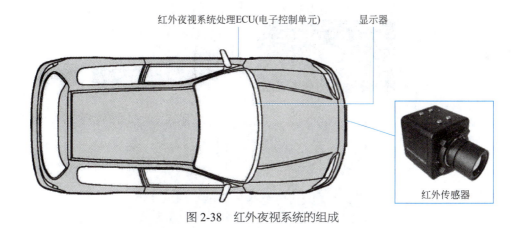

图 2-38　红外夜视系统的组成

2.5.2　红外夜视系统分类及工作原理

红外夜视系统可分为主动夜视系统和被动夜视系统 2 种类型。

主动夜视系统：利用近红外光作为光源照明目标，如红外 LED、红外灯和近红外激光器等，用低照度摄像机或微光摄像机接收目标反射的红外光，转换成视频信号在监视器荧光屏上同步显示图像。

被动夜视系统：有两种类型。一类是利用月光、星回光、夜天光等一切很微弱的自然光线，加以放大增强达到可视的目的，这类夜视仪也称为微光夜视仪。另一类是利用远红外灵敏的探测器探测目标本身的热辐射，这类夜视仪也称为热像仪。

红外夜视系统基于红外热成像原理，通过能够透过红外辐射的红外光学系统，将视场内景物的红外辐射聚焦到红外探测器上，红外探测器再将强弱不等的辐射信号转换成相应的电信号，然后经过放大和视频处理，形成可供人眼观察的视频图像。

2.5.3　红外夜视系统的应用

美国通用公司的凯迪拉克轿车于 2000 年配备了红外夜视系统，是全世界第一款配备红外夜视系统的汽车；丰田自 2002 年开始在陆地巡洋舰车型上搭载红外夜视系统；奔驰和宝马等德系汽车在 2005 年分别配备了汽车红外夜视系统。

奔驰新 S 级夜视系统如图 2-39 所示。奔驰的红外夜视系统为主动红外照射，也就是所谓的近红外（Near Infrared Ray，NIR）。这套系统并不依赖热源，而是通过使用多套照射系统和摄像机来识别红外反射波，并将识别后的数据以图像的形式传递给驾驶者。

奔驰新 S 级采用了液晶仪表盘，在夜晚时，这个仪表盘会变成夜视系统的显示屏，由于屏幕位置就在驾驶员前方，所以观察起来非常方便。

宝马 7 系也有相似的系统，只不过，红外影像是显示在中控台液晶屏上的，所以观看起来并不如奔驰 S 级那样方便。但宝马 7 系夜视系统还有一个较为智能的优点，即当红外探测仪在前方道路边发现行人时，会用一个醒目的黄色标识提示驾驶员小心，体现了车辆的科技性同时也提升了主动安全性。

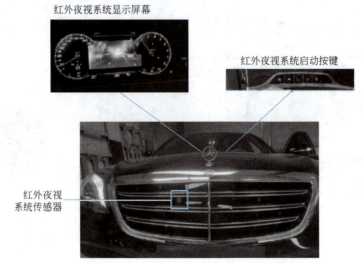

图 2-39　奔驰新 S 级夜视系统

第 3 章 高精度定位技术

3.1 全球导航定位技术

3.1.1 中国北斗卫星导航系统（BDS）

（1）北斗卫星导航系统的发展

20 世纪后期，我国开始探索适合中国国情的卫星导航系统发展道路，逐步形成了"三步走"发展战略：2000 年底，建成北斗一号系统，向中国提供服务；2012 年底，建成北斗二号系统，向亚太地区提供服务；2021 年，建成北斗全球系统，向全球提供服务；2035 年前还将建设完善更加泛在、融合、智能的综合时空体系。从定位原理和功能上，以上全球卫星导航系统基本一致，只是在技术细节上有一些差异。

北斗三号卫星即北斗卫星第三代导航系统，是中国自主研发的全球卫星导航系统，其最后一颗组网卫星于 2020 年 6 月 23 日发射。它由 24 颗中圆地球轨道、3 颗地球静止轨道和 3 颗倾斜地球同步轨道，共 30 颗卫星组成，主要用于陆、海、空导航定位，提供开放服务和授权服务两种服务方式。最大的优点则同样是保证了在地球上任意地点、任意时刻均能接收来自 4 颗及以上导航卫星发射的信号，观测条件良好的地区甚至可以接收到 10 余颗卫星的信号。

北斗卫星导航系统（BDS）是由中国自行研制开发的区域性有源三维卫星定位与通信系统，是继美国的全球定位系统（GPS）、俄罗斯的全球卫星导航系统（GLONASS）之后第三个成熟的卫星导航定位系统。

北斗卫星导航系统致力于向全球用户提供高质量的定位、导航和授时服务，其建设与发展则遵循开放性、自主性、兼容性、渐进性这 4 项原则。

（2）北斗卫星导航系统的组成

北斗卫星导航系统由空间段、地面段和用户段三部分组成，如图 3-1 所示。

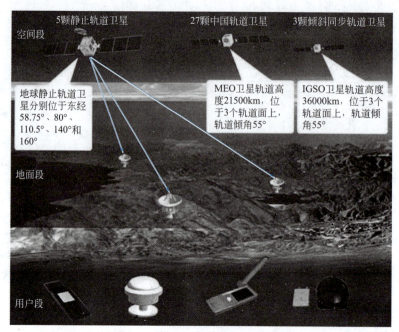

图 3-1 北斗卫星导航系统的组成

① 空间段。空间段包括 5 颗静止轨道卫星和 30 颗非静止轨道卫星。

② 地面段。地面段包括主控站、注入站和监测站等若干个地面站。

③ 用户段。用户段由北斗用户终端以及与美国的 GPS、俄罗斯的 GLONASS、欧洲的 GALILEO 等其他卫星导航系统兼容的终端组成。

（3）北斗卫星导航系统的特点

北斗卫星导航系统具有以下特点：

① 北斗卫星导航系统同时具备定位与通信功能，不需要其他通信系统支持；而 GPS 只能定位。

② 覆盖范围大，没有通信盲区。

③ 特别适合于集团用户大范围监控管理和数据采集用户的数据传输应用。

④ 融合北斗导航定位系统和卫星增强系统两大资源，因此也可利用 GPS，使应用更加丰富。

⑤ 自主系统，安全、可靠、稳定，保密性强，适合关键部门应用。

（4）北斗卫星导航系统在智能网联汽车上的应用

2020 年 6 月 17 日，广汽埃安新能源宣布全球首款北斗高精度定位智能车发布并正式上市。依托千寻位置提供的北斗高精度时空智能服务，广汽新能源埃安 V 的定位精度达到厘米级，可以实时识别车道，行驶更加安全、可靠。车道级定位能力可以帮助埃安 V 自动驾驶系统 ADiGO 3.0 准确判断、设计运行区域，使自动驾驶功能在合适的时候进行交接。在相对定位方案失效的情况下，比如车道线不规则、车道线短暂覆盖、道路无明显标志物、弯道曲率过大，埃安 V 依然能够根据准确的卫星定位和高精度地图数据，进行自动驾驶功能决策。

3.1.2　全球定位系统（GPS）

（1）全球定位系统组成

全球定位系统由空间卫星部分、地面监控部分和用户部分组成，如图 3-2 所示。

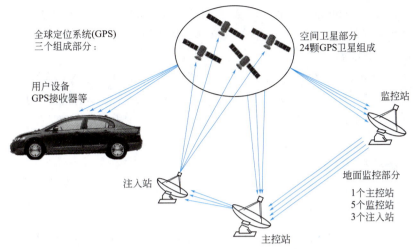

图 3-2 全球定位系统（GPS）组成

① 空间卫星部分。空间卫星部分由 24 颗卫星组成，其中 21 颗为工作卫星，3 颗为备用卫星。24 颗卫星均匀分布在 6 个轨道平面上，即每个轨道平面上有 4 颗卫星，卫星轨道平面相对于地球赤道面的轨道倾角为 55°，各轨道平面升交点的赤经相差 60°，1 个轨道平面上的卫星比西边相邻轨道平面上的相应卫星升交角距超前 30°。这种布局的目的是保证在全球任何地点、任何时刻至少可以观测到 4 颗卫星。而最少只需要其中 3 颗卫星，就能迅速确定用户端在地球上所处的位置及海拔，所能连接到的卫星数越多，解码出来的位置就越精确。

② 地面监控部分。地面监控部分主要由 1 个主控站、5 个监测站和 3 个注入站组成，分散在世界各地。主控站负责从各个监控站收集卫星数据，计算出卫星的星历和时钟修正参数等，并通过注入站注入卫星；还负责向卫星发布指令，控制卫星，当卫星出现故障时，调度备用卫星，让系统保持运行。监测站在主控站的直接控制下，自动对卫星进行持续不断的跟踪测量，并将自动采集的伪距测量气象数据和时间标准等进行处理，然后存储并传送到主控站。注入站则负责将主控站计算的卫星星历、钟差信息、导航电文、控制指令发送给卫星。

③ 用户设备。用户设备主要是 GPS 接收器、卫星天线及相关设备，主要作用是从 GPS 卫星接收信号并利用传来的信息计算用户地理位置的纬度、经度、高度，以及速度和时间等信息。手机 GPS 定位器，车载、船载 GPS 导航仪，GPS 测绘设备，等等，都属于 GPS 用户设备。

（2）全球定位系统的特点

全球定位系统具有以下特点：

① 能够全球全天候定位。因为 GPS 卫星的数目较多，且分布均匀，保证了地球上任何地方、任何时间至少可以同时观测到 4 颗 GPS 卫星，确保实现全球全天候连续的导航定位服务。

② 覆盖范围广。能够覆盖全球 98% 的范围，可满足位于全球各地或近地空间的用户（甚至军事用户）连续精确地确定三维位置、三维运动状态和时间的需要。

③ 定位精度高。GPS 相对定位精度在 50km 以内可达 6～10m，100～500km 可达 7～10m，1000km 可达 9～10m。

④ 观测时间短。20km 以内的相对静态定位仅需 15～20min；快速相对静态定位测量时，当每个移动站与基准站相距 15km 以内时，移动站观测时间只需 1～2min；采取实时动态定位模式时，每站观测仅需几秒。

⑤ 可提供全球统一的三维地心坐标，可同时精确测定测站平面位置和大地高程。

⑥ 测站之间无须通视，只要求测站上空开阔，这既可大大减少测量工作所需的经费和时间，也使选点工作更灵活，可省去经典测量中的传算点、过渡点等的测量工作。

3.2 差分全球定位系统

3.2.1 差分全球定位系统的概念

差分全球定位系统（Differential GNSS，DGNSS）是在全球导航卫星系统（GNSS）的基础上利用差分技术使用户能够从 GNSS 中获得更高的精度，从标称 15m 的 GNSS 定位精度，提高到约 1～3cm 的定位精度。

因为在实际应用中，卫星信号的传播还受大气电离层、云层、树木、高楼、城市、峡谷等遮挡、反射和折射以及多路径干扰，这些都会影响 GNSS 信号传播，从而影响测距信息的准确度。为了降低天气、云层对 GNSS 信号的影响，出现了差分全球定位系统。

差分全球定位系统如图 3-3 所示。可以简单地理解为将一台接收机置于基准站（已知位置）上，另一台或几台接收机置于移动站上，基准站和移动站同时接收同一时间、同一 GNSS 卫星发射的信号，将基准站所获得的观测值与已知位置信息进行比较，得到 GNSS 差分修正值。然后将这个修正值通过无线电设备（称为数据链路）及时传递给共视卫星的移动站精化其 GNSS 观测值，消除卫星钟差、接收机钟差、大气电离层和对流层折射误差的影响，从而使移动站得到经差分改正后厘米级的定位精度。

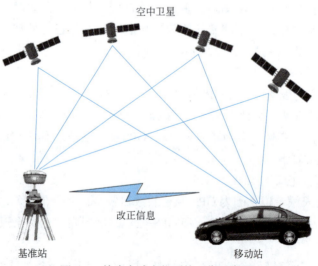

图 3-3 差分全球定位系统工作示意图

移动站与差分基准站的距离直接影响差分定位的效果，移动站与差分基准站的距离越近，两站点之间测量误差的相关性就越强，差分定位系统性能就越好。

差分技术的基础是：在同一地区内，GNSS 缓慢变化的系统误差，包括选择可用性（SA）误差，对基准台及其邻近用户的影响是相同或相近的。

3.2.2 差分全球定位系统的类型

根据 DGNSS 基准站发送的信息方式可将 DGNSS 定位分为 3 类，即位置差分、伪距差分和载波相位差分。这 3 类差分方式的工作原理基本相同，都是由基准站发送改正数，由移动站接收并对其测量结果进行改正，以获得精确的定位结果。所不同的是，发送改正数的具体内容不一样，其差分定位精度也不同。

（1）位置差分（将已知坐标和观测坐标作为改正数）

位置差分（图 3-4）是最简单的差分方法，其传输的差分改正量少，计算简单。所有 DGNSS 接收机均适合组装成位置差分系统。位置差分要求基准站和移动站观测同一组卫星。安装在基准站上的 DGNSS 接收机观测 4 颗卫星后便可进行三维定位，计算出基准站的观测坐标。由于存在着轨道误差、时钟误差、大气影响、多径效应以及其他误差等，解算出的观测坐标与基准站的已知坐标是不一样的，存在误差。将已知坐标与观测坐标之差作为位置改正数，通过基准站的数据传输设备发送出去，由移动站接收，并且对其解算的移动站坐标进行改正。最后得到的改正后的移动坐标已消去了基准站和移动站的共同误差，例如卫星轨道误差、大气影响等，提高了定位精度。因为位置差分要求基准站和移动站观测同一组卫星，因此位置差分法的应用范围受到距离上的限制，适用于移动站与基准站间距离在 100km 以内的情况。

（2）伪距差分（将计算距离与观测距离之差作为改正数）

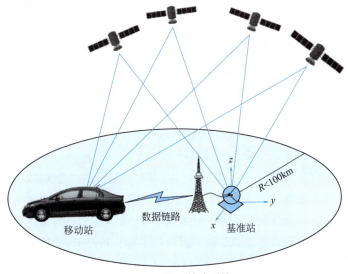

图 3-4 位置差分系统

伪距差分（图 3-5）是目前应用最广的一种技术，几乎所有的商用 DGNSS 接收机均采用这种技术。它利用基准站已知坐标得出基准站与卫星之间的计算距离，将计算距离与观测距离之差作为改正数，发送给移动站，移动站利用此改正数来改正测量的伪距。最后，用户利用改正后的伪距来解算出本身的位置，就可消去公共误差，提高定位精度。

与位置差分相似,伪距差分能将两站公共误差抵消,但随着用户到基准站距离的增加,又出现了系统误差,这种误差用任何差分法都是不能消除的。用户和基准站之间的距离对精度有决定性影响,即移动站(用户)与基准站的距离越小,其使用 GNSS 伪距差分得到的定位精度就会越高。

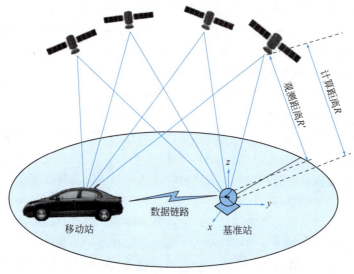

图 3-5 伪距差分系统

(3)载波相位差分

GNSS 位置差分技术与伪距差分技术都能满足基本定位、导航等的精度需求,却远远不能满足车联网和自动驾驶领域的需求,因而研制出了更加精准的 GNSS 差分技术,即载波相位差分技术,也称为实时动态差分技术(Real Time Kinematic,RTK)。

RTK 是一种利用接收机实时观测卫星信号载波相位的技术,结合了数据通信技术与卫星定位技术,采用实时解算和数据处理的方式,能够实现为移动站提供在指定坐标系中的实时三维坐标点,在极短的时间内实现高精度的位置定位,RTK 移动定位终端工作流程示意图如图 3-6 所示。

载波差分技术是建立在实时处理两个观测站的载波相位基础上的。与其他差分技术不同的是,载波差分技术中基准站不直接传输关于 GNSS 测量的差分校正量,而是发送 GNSS 的测量原始值。移动站收到基准站的数据后,与自身观测卫星的数据组成相位差分观测值,利用组合后的测量值求出基线向量,完成相对定位,进而推算出测量点的坐标。实现载波相位差分的方法包括修正法和差分法。前者与伪距差分类似,基准站将载波相位修正量发送给移动站,以改正其载波相位观测值,然后得到自身的坐标,是准 RTK 技术。后者将基准站观测的载波相位测量值发送给移动站,让其自身求出差分修正量,从而实现三维定位,是真正的 RTK 技术。

常用的 RTK 定位技术分为常规 RTK 和网络 RTK。

① 常规 RTK。常规 RTK 系统如图 3-7 所示,常规 RTK 定位技术是一种基于 GNSS 高精度载波相位观测值的实时动态差分定位技术,也可用于快速静态定位。采用常规 RTK 进行定位工作时,除需配备基准站接收机和移动站接收机外,还需要数据通信设备。基准站通过数

据链路将自己所获得的载波相位观测值及基准站坐标实时播发给在其周围工作的动态用户。移动站数据处理模块则通过动态差分定位的方式，确定移动站相对于基准站的位置，并根据基准站的坐标得到自身的瞬时绝对位置。

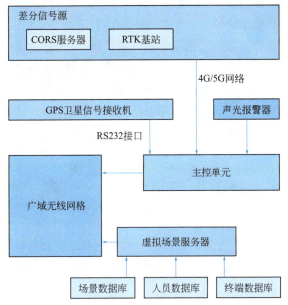

图 3-6 RTK 移动定位终端工作流程示意图

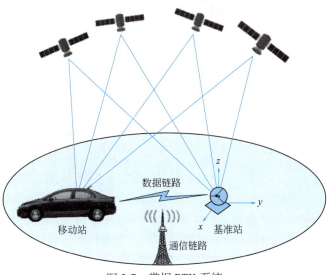

图 3-7 常规 RTK 系统

显然，常规 RTK 定位技术虽然可以满足很多应用的要求，但移动站与基准站的距离不能过远，当距离大于 50km 时，常规 RTK 一般只能达到分米级的定位精度。因此，常规 RTK 并不能完全满足自动驾驶系统对汽车、车道及障碍物的厘米级定位需求。

② 网络 RTK。网络 RTK 也称多基准站 RTK，网络 RTK 属于实时载波相位双差定位，是近年来一种基于常规 RTK 和差分 GNSS 技术等发展起来的实时动态定位新技术。网络 RTK 是指在某一区域内由若干个固定的、连续运行的 GNSS 基准站形成一个基准站网络，对区域

内全方位覆盖，并以这些基准站中的一个或多个为基准，为该地区内的 GNSS 用户实现实时、高精度定位提供 GNSS 误差改正信息。网络 RTK 技术与常规 RTK 技术相比，覆盖范围更广，作业成本更低，定位精度更高，用户定位的初始化时间更短。

网络 RTK 系统如图 3-8 所示，主要包括固定的基准站网、负责数据处理的控制中心部分、数据播发中心、数据链路和用户站。其中基准站网由若干个基准站组成，每个基准站都配备有双频全波长 GNSS 接收机、数据通信设备和气象仪器等。通过长时间 GNSS 静态相对定位等方法可以精确得到基准站的坐标，基准站 GNSS 接收机按一定采样率进行连续观测，通过数据链路将观测数据实时传送给数据处理中心，数据处理中心首先对各个站的数据进行预处理和质量分析，然后对整个基准站网的数据进行统一解算，实时估计出网内的各种系统误差的改正项（电离层、对流层和轨道误差），并建立误差模型。

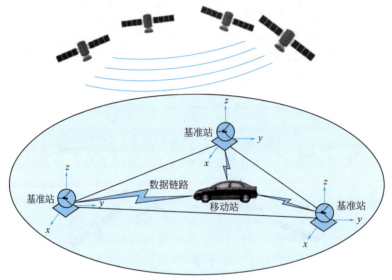

图 3-8 网络 RTK 系统

目前，很多智能网联汽车公司（如百度、小马智行等），都采用了实时动态载波相位差分技术——RTK 技术。RTK 技术是实时处理两个基站载波相位观测量的差分方法，即将基准站采集的载波相位发送给用户接收机，通过求差解算坐标。RTK 技术可使定位精度达到厘米级，这也是很多智能网联汽车公司采用 RTK 技术定位的原因。但 RTK 技术的应用也存在一定的问题：基站铺设成本较高；非常依赖卫星数量，比如在一些桥洞和高楼大厦的环境下，可视的卫星数量会急剧下降；容易受到电磁环境干扰。在受到遮挡时，信号丢失，没有办法做定位。因此目前采用 RTK 定位技术实现大规模量产商用的可行性不高。

3.3 惯性导航系统

3.3.1 惯性导航系统的定义

惯性导航系统（Inertial Navigation System，INS），简称为惯导，是利用惯性测量单元（IMU）的角度和加速度信息来计算载体的相对位置的一种定位技术。同时，惯性导航系统也是一种不依赖于外部信息，也不向外部辐射能量的自主式导航系统。

3.3.2 惯性导航系统组成及原理

惯性测量单元（IMU）外观如图 3-9。IMU 由加速度传感器和陀螺仪结合而成，加速度传感器解决速度问题，陀螺仪解决方向问题。IMU 的一个重要特征在于它以高频率更新，其频率可达到 1000Hz，所以 IMU 可以提供接近实时的位置信息。

图 3-9　惯性测量单元（IMU）外观

惯性导航系统可以看成是 IMU 与软件的结合，通过内置的微处理器，能够以最高 200Hz 的频率输出实时的高精度三维位置、速度、姿态信息。

惯性测量单元（IMU）包括 3 个相互正交的单轴的加速度传感器和 3 个相互正交的单轴的陀螺仪，如图 3-10 所示。陀螺仪测量物体三轴的角加速度，用于计算载体姿态；加速度传感器测量物体三轴的线加速度，可用于计算载体速度和位置。

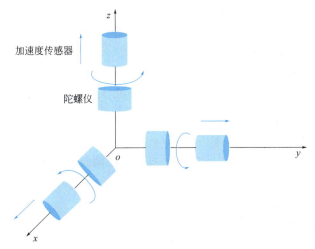

图 3-10　惯性测量单元（IMU）组成示意图

惯性导航系统的基本工作原理是以牛顿力学定律为基础，测量载体在惯性参考系的线加速度和角加速度信息，再将这些测量值对时间进行一次积分，求得运动载体的速度、角速度，之后进行二次积分求得运动载体的位置信息，然后将其变换到导航坐标系，得到在导航坐标系中的速度、偏航角和位置等信息，其工作原理框图如图 3-11 所示。一般情况下惯性导航系统会结合 GPS 使用，并融合经纬度信息，以提供更精确的位置信息。

3.3.3 惯性导航系统的作用

惯性导航系统主要有两个作用，一个是在 GPS 信号丢失或很弱的情况下，暂时填补 GPS

留下的空缺，用积分法取得最接近真实的三维高精度定位。即便是北斗加 GPS 加 GLONASS，卫星导航信号还是有很多无法覆盖的地方，所以无人驾驶汽车必须配备惯性导航系统。

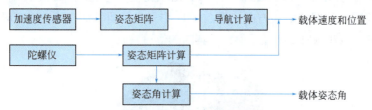

图 3-11　惯性导航系统原理框图

惯性导航系统另一个作用是配合激光雷达。GPS+IMU 为激光雷达的空间位置和脉冲发射姿态提供高精度定位，以建立激光雷达云点的三维坐标系。惯性导航系统可用于定位，与其他传感器融合时，也需要统一到一个坐标系下。定位时，利用惯性导航系统、GPS 等得到一个预测的全局位置。当激光雷达实时扫描单次的点云数据后，结合单次的点云数据进行匹配，并进行特征提取。这些特征包括路缘、车道线、高度等周围点线面的特征。对于高精度地图，提取过的特征与实时提取的特征进行匹配，最终得到精准的车辆位置，这是激光雷达的定位过程。

3.3.4　惯性导航系统的特点

惯性导航系统具有以下主要优点：

① 由于它是不依赖于任何外部信息，也不向外部辐射能量的自主式导航系统，故隐蔽性好，也不受外界电磁干扰的影响。

② 可全天候在全球任何地点工作。

③ 能提供位置、速度、航向和姿态角数据，所产生的导航信息连续性好而且噪声小。

④ 数据更新率高，短期精度和稳定性好。

惯性导航系统具有以下主要缺点：

① 由于导航信息经过积分而产生，定位误差随时间增长而增大，长期精度差，容易产生温度漂移和零点漂移等问题。

② 每次使用之前需要较长的初始对准时间。

③ 设备的价格较昂贵。

④ 不能给出时间信息。

3.4　多传感器融合定位系统

3.4.1　多传感器融合定位技术的概念

根据前文的介绍可以看出，不同的定位方式各有优劣，智能网联汽车在实际应用中，一般采用多传感器融合定位，既做到优势互补，也提高了稳定性，增强了定位精度。

多传感器融合定位系统的数据可以是 GNSS-RTK、惯性导航系统和地图匹配定位系统的输入数据。对这些数据进行预处理、数据配准和状态估计等处理后，输出车辆自身的速度、位置和姿态信息，如图 3-12 所示。

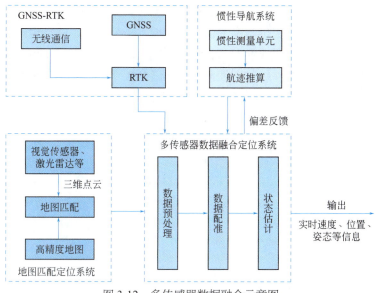

图 3-12　多传感器数据融合示意图

3.4.2　GNSS 和 INS 融合定位系统

由于 GNSS 定位信息更新频率低（仅有 10Hz 左右），不能满足自动驾驶中实时性的要求，且定位信号会因隧道、建筑群等障碍物的遮挡而中断；而 INS 中配备高频传感器（更新频率以达到 200Hz 以上），一定时间内可以提供连续的较高精度的汽车位置、速度和航向信息，但其定位误差会随着系统运行时间累积而剧增。因此 GNSS 与 INS 相结合，可以利用 GNSS 提供的不随时间增加的高精度定位来纠正 INS 的累积定位误差；同时，INS 可以解决 GNSS 特定场景易受影响的问题。结合这两种系统的优点，就能得到实时和精准的定位。

在 GNSS 和 INS 组合系统中，可以通过卡尔曼滤波器处理传感器测量值，从而给出更加准确、稳定的载体高精度定位信息。卡尔曼滤波器的工作主要分为两个阶段：预测阶段，根据最后一个时间点的位置信息预测当前的位置信息；更新阶段，通过对目标位置的当前观测修正位置预测，从而更新目标的位置，如图 3-13 所示。

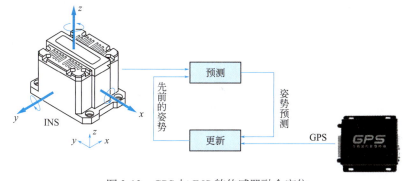

图 3-13　GPS 与 INS 的传感器融合定位

GPS 与 INS 的传感器融合系统如果再与地图匹配定位技术相结合，利用高精度地图提供的信息，可进一步实现多个定位系统融合，提高定位精度。

智能网联汽车运营商多使用多线束的激光雷达和高精度的 GPS 和 IMU 结合的定位方案。虽然这些高精密的传感器能够提供丰富的信息，但成本十分高昂，并且也无法满足车规的要求。禾多科技研发了面向量产的多传感器融合定位技术，采用了全车规级的低成本传感器，如 GNSS、摄像头、低成本车规级的惯性测量单元（IMU）、轮速传感器等，以满足量产的需求。

第 4 章
高精度地图技术

4.1 高精度地图的概述

4.1.1 高精度地图的概念

　　高精度地图是指高精度、精细化定义的地图，其精度需要达到厘米级才能够区分各个车道。高精度地图也称为高分辨率地图（High Definition Map，HD Map），是一种专门为智能网联汽车服务的地图。与传统电子地图不同的是，高精度地图除了能提供道路级别的导航信息外，还能够提供车道级别的导航信息。无论是在信息的丰富度还是信息的精度方面，都远高于传统电子地图。

　　高精度地图一般指静态的高精度路网信息。动态高精度地图是指包含了道路网上的动态变化信息要素的高精度地图，比如路口红绿灯状态、道路动态通行指标、路网变化情况等。

　　高精度地图与普通电子地图相比有很大的不同，具体见表 4-1。

　　① 使用主体不同。普通导航地图的使用者是人，而高精度地图的使用者是车载计算机系统。

　　② 用途不同。普通导航地图用来为人提供导航、搜索和可视化服务，高精度地图则直接为车提供高精度定位，辅助智能网联汽车感知、决策和规划。

　　③ 所属系统不同。普通电子地图属于带显示屏幕的信息娱乐系统，而高精度地图属于车载安全系统，没有人机交互界面，也不需要人员的介入。

　　④ 所包含的要素不同。普通电子地图仅仅包含道路中心线、信息点、区域边界、部分交通标识等道路位置和形态信息；高精度地图中则包含完整的道路信息，包括所有车道线、道路部件、道路属性以及道路连接设施等丰富全面的信息。

　　⑤ 定位精度不同。普通电子地图一般精度在 10m 左右，因此其导航水平为道路级，高精度地图的精度则需要达到 20cm，其导航水平为车道级。

表 4-1　普通电子地图和高精度地图的差别

项目	普通电子地图	高精度地图
示意图		
要素	道路位置、形态	详细的车道模型
属性	基础导航属性：只记录道路级别的数据，比如道路形状、坡度、曲率、铺设、方向等	高精度地图除了基础导航所需的属性外，还包括道路属性、车道属性、转弯参数等。 道路属性：限速、限高、限重、坡度、信号灯、车道数、起点角度、终点角度等。 车道属性：车道宽、车道线宽、车道线类型、车道线颜色、车道用途等。 转弯参数：最小半径、最小弧长、最大半径、最大弧长、转向、转向角度等
定位精度	10m，道路级	20cm，车道级
所属系统	信息娱乐系统	车载安全系统
用途	导航、搜索、目视	高精度定位、车道级路径规划、车辆控制
使用者	人，有显示	车载计算机系统，不显示
现势性需求	较低，人可以较好地应对道路的最新变化、复杂情况	高，计算机难以良好地应对道路的最新变化、复杂情况

⑥ 现势性需求不同。由于驾驶员可以良好应对道路的最新变化、复杂情况，因此普通电子地图现势性需求相对较低；而计算机难以良好应对道路的最新变化、复杂情况，因此高精度地图现势性需求高。同时，高精度地图还需要有比普通电子地图更好的实时性：由于道路路网经常会发生变化，如道路整修、标识线磨损或重漆、交通标识改变等，这些改变都要及时反映在高精度地图上，以确保智能网联汽车的行车安全。

4.1.2　高精度地图行业现状

高精度地图作为智能网联汽车实现自动驾驶不可或缺的资源，随着智能网联汽车的快速发展而受到国内外科研机构和各大公司的青睐。在国内，对于高精度地图采集平台与标准的研究集中在百度、高德和四维图新等公司以及武汉大学、清华大学和上海交通大学等高校；

德国三大车企（宝马、戴姆勒、奥迪）收购 Here 公司共同构建高精度地图，并在美、法、德、日等多国进行高精度地图采集；美国谷歌公司从事无人车研发，进行了大量的高精度地图采集工作；丰田北美研究院则参考原有低精度地图的信息，将先验的低精度地图信息和传感器采集的高精度信息进行融合。下面简要介绍各地图供应商（简称图商）的高精度地图情况。

（1）百度

百度作为拥有从采集设备到数据制作全流程自主技术研发能力的高精度地图供应商，其采集车包括全景和高精度两类。其中全景采集车可满足高级驾驶辅助系统（Advanced Driving Assistant System，ADAS）级别（50cm）的采集需求，车顶搭载 3 台尼康 D810 单反相机，搭配鱼眼镜头，单台可达 3638 万像素，车上配备 GPS 和 IMU；高精度采集车在全景基础上增加了 45°倾斜的 Velodyne 激光雷达，利用激光雷达的激光点云数据采集车道线、地面喷漆、立面标志和城市立交等信息，通过激光点云数据和图片数据融合进行信息提取，精度达厘米级。目前百度的高精度地图业务已经和包括广汽、蔚来、威马、长安、本田、长城等车企实现量产合作。

（2）高德

高德地图采集车包括 ADAS 和高度自动驾驶（Highly Automated Driving，HAD）两类，其中 ADAS 采集车安装了 6 个 CCD 摄像头（环形分布 5 个 + 顶部 1 个），每个摄像头均为 500 万像素，采集数据精度约 50cm。HAD 采集车车顶配置 2 个 RIEGL 三维激光雷达（一前一后倾斜安装）和 4 个摄像头（两前两后），采集精度约 10cm，除道路信息外，对人、车等信息的采集也更精准。相机主要负责采集标志牌等道路元素，激光雷达主要采集边缘线和车道线等道路信息。

（3）四维图新

四维图新采集车搭载了 32 线束激光雷达、全景摄像头、GNSS 及惯导等设备，同时搭载自研的时空同步与电流控制系统，以保证采集到厘米级精度的数据。

（4）TomTom

TomTom 是一家荷兰的地图厂商，积极参与研发自动驾驶相关技术，其中包括将 GPS 导航嵌入自动驾驶汽车。配备有一台 Velodyne 激光雷达、一台 360°全景相机、两台 SICK 雷达、兼容 GPS 和 GLONASS 的高精度天线的福特翼虎，驾驶员驾驶采集车完成采集任务，实现高度属性化的道路标识。它包括车道模型和交通标志等属性，精度可达厘米级。

（5）Here

Here 地图从 2015 年开始致力于高精度地图数据采集，是世界上实现高精度地图覆盖里程最多的企业之一。Here 地图的采集车主要配备了 4 个广角 24M 像素摄像头、旋转式激光雷达（扫描周围 300ft 范围内每个目标上的 700000 个点，1ft = 0.3048m）、INS 和 GPS。其中，激光雷达主要获取坡度、车道线和路标等路面信息，地图精度可达到厘米级。

2017 年初，Here 与 Mobileye 建立技术合作关系，使得 Here 地图获得了更多实时道路信息。

（6）DMP

2016 年 9 月，日本的动态地图规划（Dynamic Map Planning，DMP）企业正式开发高精度地图，其地图测量汽车装备移动地图系统 MMS-G220，配置使用 2 台激光雷达、大量摄像机、GPS 和其他传感器，以 40km/h 的巡航速度测绘地图，并以 10cm 的绝对精度捕捉 7m 外的物体，每秒能收集 100 万个数据点。

（7）谷歌 Waymo

谷歌作为自动驾驶行业的领军企业之一，利用无人车搭载的 360° 高速转动的 Velodyne 激光雷达绘制高精度地图，采集包括车道线、路面基础设施、交通信号灯等信息，并上传至谷歌数据库，精度在 10cm 以内。同时，谷歌街景地图采集时同时采用摄像机和激光雷达，最新汽车已配备 15 个摄像头和 Velodyne 激光雷达，利用这部分图像信息，有望进一步提高地图精度和简化数据处理过程。

（8）MobilEye

MobilEye 号称能为全球 25 家知名车厂合作商提供更安全的技术解决方案，有 2500 万辆汽车在使用它们的技术，13 家车厂正在使用 MobilEye 的技术攻关自动驾驶。相比于 Here，MobilEye 更侧重于使用摄像头，利用视觉信息来进行辅助驾驶，在图像处理方面也做得很好，是一种基于众包的视觉制图模式。MobilEye 把采集、发送云端、处理、传回车端的过程称为"路书"（RoadBook）。

（9）Uber

2016 年 2 月，Uber 正式布局自动驾驶汽车业务，5 月，在匹兹堡公路上进行测试。测试车配备激光雷达和高清摄像头等传感器，以实现自动驾驶为主要目的，并非纯粹的采集车，但能在驾驶过程中收集地图和位置数据。

（10）苹果

苹果于 2012 年推出了苹果地图和街景地图，其最新一代街景车已升级到搭载 15 个 500 万像素的 CMOS 摄像头。苹果与谷歌类似，其地图数据采集方案也应用了大量的摄像头，同时采用一前一后两个激光雷达倾斜安装的方式，可完整地获取车道线等道路信息。

4.2 高精度地图的产生

高精度地图数据生产包括外业采集、云端自动化处理、数据编辑与质量控制、数据编译与发布等步骤，如图 4-1 所示。

图 4-1 高精度地图制作过程流程图

4.2.1 外业采集（实地采集）

外业采集也称实地采集，是制作高精度地图的第一步。外业采集通过搭载 GNSS、IMU、LiDAR、摄像头等传感器的采集车队，外业实地采集车道线、地面标志、沿路护栏、交通标志等信息，如图 4-2 所示。

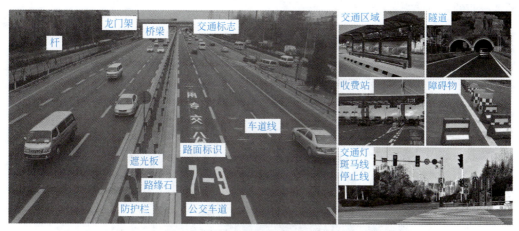

图 4-2　高精度地图综合数据内容采集

高精度地图数据采集主要通过专业采集车的采集和众包设备采集。

（1）专业采集车采集

百度公司高精度地图采集车，如图 4-3 所示。该采集车搭载了激光雷达、摄像头、差分卫星定位系统和惯性导航系统等核心设备，可以精确识别交通标志、地面标志、车道线、桥梁、灯柱和护栏等。

图 4-3　百度高精度地图采集车

高德公司采集车的核心设备是激光雷达、摄像头、惯性测量单元（IMU）、全球定位系统（GPS）等设备，如图 4-4 所示。它通过激光雷达的激光反射形成点云，完成对环境中各种物体的采集，摄像头采集道路实景图像，并通过高精度定位系统（GPS 与 IMU）记录行驶轨迹和环境中物体的高精度位置信息。该采集设备可以把地图数据的相对误差控制在 10cm 以内。

（2）众包设备采集

众包设备采集是指地图公司与整车厂合作，借助不同品牌大量级的车辆上摄像头获取到的数据，作为地图的数据来源，能够保证数据的更新率；随着车载传感设备的普及，地图制作的效率也会逐渐提升。这种收集方式可以改善"由整到零"的专业采集车采集方式所带来的高成本、速度慢的缺点。目前 2/3 的企业采用的是众包制图模式，众包设备采集已经是高精度地图行业的一个趋势。

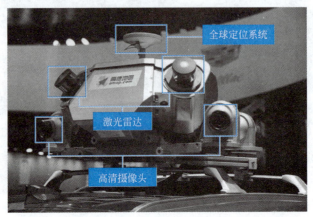

图 4-4　高德公司采集车的核心设备

比如 Mobileye 与上汽集团、四维图新合作推出的 REM（Road Experience Management）计划，是通过车辆摄像头以众包的方式上传道路数据，制作高精度地图。同样，车辆可以通过摄像头捕捉到的过路标识以及地图数据，实现高精度定位。众包设备的道路场示意图如图 4-5 所示。

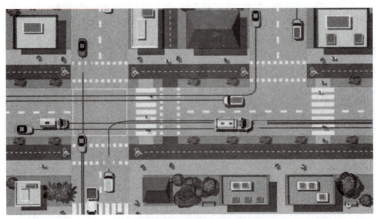

图 4-5　众包设备的道路场示意图

4.2.2　云端自动化处理

采集的数据成果进入内业处理流程，数据处理通过点云融合、点云识别和图像识别等 AI 技术自动提取和拟合。在自动融合和识别环节，将采集到的约 10 帧每秒的图像数据信息自动融合，简单来讲就是将图像、点云、GPS 等数据叠加到一起，然后进行车道线、信号灯、人行横道、交通标识牌、路杆等道路元素的分类与提取。

另外，在采集过程中同一条道路上双向采集之后采集到的重复数据也会在这个环节自动进行整合，删除重复内容。这一步，相当于是视频剪辑中的粗剪，只不过是自动完成的。

4.2.3 数据编辑与质量控制

由于自动化处理阶段无法达到完全精准，所以还需要专业人员利用高精度地图编辑工具对数据进一步处理，该过程主要包括地图矢量化、编辑、检查核对和确认生效等工作。这一步，相当于视频制作中的精剪、输出成片阶段。高精度地图的矢量化过程示意图如图4-6所示。

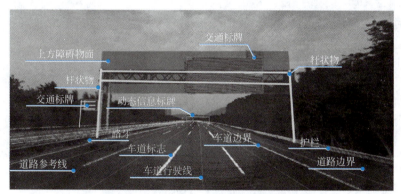

图4-6 高精度地图的矢量化过程示意图

4.2.4 数据编译与发布

完成对数据编辑与检查后，要对数据进行转换编译，形成矢量母库（高精度地图数据库），通过自动化测试后，完成高精度地图的生产环节。最后，通过不同平台进行地图的发布。

4.3 高精度地图的应用

高精度地图拥有准确且丰富的车辆位置信息和道路元素（如标志牌、车道形状等）信息，可以帮助车载传感器更好地完成对环境的感知，为智能网联汽车提供更完备丰富的周边环境信息和更精确的定位。同时，也可视为智能网联汽车先验知识积累形成的长期记忆，帮助汽车预知路面复杂信息，如坡度、曲率和航向等，更好地规避潜在的风险。总而言之，高精度地图在智能网联汽车上的功用主要有辅助高精度定位、辅助环境感知、辅助路径规划、辅助控制，如图4-7所示。可以说智能网联汽车的自动化和智能化等级越高，对高精度地图的依赖性越强。

4.3.1 辅助高精度定位

高精度地图中包含了丰富的对象数据（如车道形状、曲率和标志牌等），车辆通过车载传感器对道路周边进行感知，识别并提取出道路周边的对象并与地图中要素对象进行匹配，再通过GPS粗定位信息进行融合，可以实现车辆位置信息的精准定位。

4.3.2 辅助环境感知

高精度地图可对传感器无法探测的部分进行补充。与摄像头、雷达等环境感知传感器相比，在静态物体检测方面，高精度地图不受环境、障碍物等的干扰，当道路环境被其他物体遮挡或者超出了传感器感知范围时，高精度地图能够辅助车辆对行进方向环境完成超视距感知。

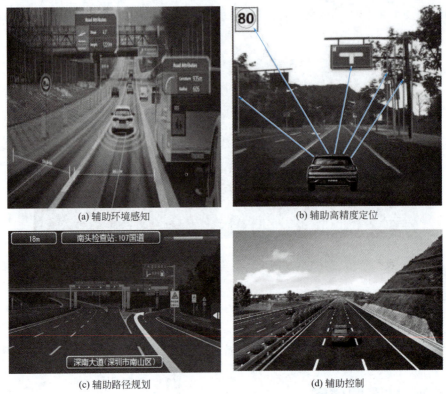

图 4-7　智能网联汽车中高精度地图的主要功能

此外，智能网联汽车感知重构周围三维场景时，可以利用高精度地图作为先验知识减少数据处理时的搜索范围。智能网联汽车可以根据当前位置在高精度地图中快速检索出周边的车道标线、地面箭头、文字以及路边护栏、路牙、标识等信息，同时通过各类传感器的实际探测比对，最终得到准确的固定环境感知。

4.3.3　辅助路径规划

普通电子地图仅能给出道路级的路径规划，而高精度地图的路径规划导航能力则提高到了车道级，例如高精度地图可以确定车道的中心线，可以保证汽车尽可能地靠近车道中心行驶；在人行横道、低速限制或减速带等区域，高精度地图可使汽车能够超前查看并预先减速；对于汽车行驶附近的障碍物，高精度地图可帮助智能网联汽车缩小路径选择范围，以便选择最佳避障方案。辅助路径规划依赖的核心数据就是高精度地图的车道级几何和拓扑关系。

4.3.4　辅助控制

高精度度地图是对物理环境道路信息的精准还原，可为汽车加减速、并道和转弯等驾驶决策控制提供关键道路信息。而且，高精度地图能给汽车提供超视距的信息，并与其他传感器形成互补，辅助系统对汽车进行控制。

高精度地图被普遍认为是实现 L3 级及以上智能网联汽车不可缺少的关键技术，2018 款凯迪拉克 CT6，通过高精度地图、摄像头、雷达和惯性导航系统结合使用可以实现 L3 级的辅助驾驶功能。

第 5 章 线控技术

5.1 线控技术概述

5.1.1 线控技术的概念

汽车线控技术就是将驾驶员的操纵动作经过传感器转变为电信号进行控制的系统，也可以说是替代传统机械系统或者液压系统，由控制信号直接控制执行机构的技术。线控技术基本原理如图 5-1 所示。

图 5-1　线控系统的基本结构原理

线控技术起源于飞机的电传操纵系统，飞行员不再通过传统的机械回路或液压回路来控制飞机的飞行姿态，而是通过安装在操纵杆处的传感器检测飞行员施加在其上的力和位移，并将其转换为电信号，在 ECU 中将信号进行处理，然后传递到执行机构，从而实现对飞机的控制。

随着线控技术的发展，这一技术逐渐应用到汽车。分布在汽车各处的传感器实时获取驾驶员的操作意图和汽车行驶过程中的各种参数信息，控制器将这些信息进行分析和处理，得到合适的控制参数传递给各个执行机构，从而实现对汽车的控制，进而取代传统汽车靠机械或液压来传递操纵信号的控制方式，提高了车辆的转向性、动力性、制动性和平顺性。

线控底盘主要有五大系统，分别为线控转向、线控制动、线控换挡、线控驱动、线控悬架。从执行端来看，线控换挡、线控驱动、线控悬架虽然技术都很成熟了，但最为关键的转向和制动系统目前还没有一套可以适用于 L4 级驾驶的稳定的量产产品。

5.1.2 线控技术的优点

与传统的机械控制系统相比，线控系统采用了完全不同的控制方式，主要具有以下几种优点：

① 汽车更加轻便。采用线控系统之后，舍去了传统的机械控制装置，一方面极大地减轻了汽车的整车质量，降低了汽车的能源消耗，也减少了汽车的噪声和振动；另一方面，传统机械装置的去除以及电线布置的灵活性也节省了大量的空间，提高了驾驶员和乘客的乘坐舒适性，有利于实现模块化的底盘设计。

② 控制更为精确。由于采用传感器实时收集汽车的各项参数，驾驶员动作的行程、需要调节的程度也可以通过传感器准确地记录，控制的精度高。

③ 操作更加便捷。驾驶员仅仅通过调节某些按键即可在汽车内部实现一系列复杂的操控，大大降低了操纵的复杂程度。

④ 控制策略更加丰富。可以实现对底盘多个子系统的协调控制，以提高汽车的各项性能。

⑤ 生产制造更加简单。线控技术在汽车上的发展可以极大地简化汽车的生产、装配和调试过程，节约生产成本和开发周期，也有利于汽车生产企业根据用户需求的不同进行个性化的定制。

⑥ 安全性大大提高。采用线控转向系统的汽车，由于舍去了传统的转向轴，当汽车发生撞击时，减少了机械部件对驾驶员的伤害。

⑦ 系统工作效率大大提高。汽车内部各种信息都是通过电信号进行传输的，极大地提高了信息传递的效率，控制更加迅速，响应更加灵敏。

随着技术的发展，各线控系统不再是独立的系统，而是相互之间的协调控制和底盘集成控制。由于线控系统需要汽车强大的电力供应来保证，随着电动汽车的发展，在电动汽车上采用线控技术具有更大的优势。

目前线控技术在汽车上的渗透率较低，但随着自动驾驶技术（L3级及以上智能驾驶）的发展，线控系统将成为计算机控制汽车最为有效的工具。

5.2 线控技术关键技术

5.2.1 传感器技术

线控系统要做出正确的决策必须要有准确的信息作为保障，汽车的车速、发动机的转速、进气压力、节气门位置、变速器的挡位等信息都是由传感器获得的，传感器的精度和可靠性直接影响整个线控系统的控制效果。因此设计研发精度高、可靠性好、成本低、体积小的传感器对汽车线控系统的发展有着重大意义。随着汽车传感器在汽车电子控制领域的广泛应用，汽车传感器正沿着微型化、多功能化、集成化和智能化的方向发展。

微型传感器的安装可以不受空间大小的制约，能耗更低，受外界环境的干扰也更小。在该领域比较有代表性的技术是 Mems 技术，利用微电子机械加工技术将微米级的敏感元件、信号处理器、数据处理装置封装在同一芯片上，具有体积小、价格便宜、可靠性高等特点，并且可以明显提高系统测试精度。因为 Mems 微型传感器在降低汽车电子系统成本及提高其性能方面的优势，已开始逐步取代基于传统机电技术的传感器。

智能传感器是通过工艺技术手段将传感器与微处理器两者紧密结合，将传感器的敏感元件及其信号调理电路与微处理器集成在一块芯片上的新型处理器，它不仅能够实现传统传感器的功能，还能充分利用微处理器的计算和存储能力。不但可以对传感器的测量数据进行计算、存储、数据处理，还可以通过反馈回路对传感器进行调节，大大提高了传感器的精度。微处理器充分发挥了各种软件的功能，可以完成硬件难以完成的任务，从而大大降低了传感器制造的难度，提高了传感器的性能，降低了成本。

5.2.2 容错控制技术

为了提高汽车的可靠性和安全性，汽车线控系统必须采取容错控制，即当有些部件出现故障或失效的时候，它们在系统中的功能可以用系统中的其他部件部分或完全代替，使系统能继续保持规定的性能或不丧失最基本的功能，或进一步实现故障系统的性能最优。

容错控制系统的控制原理图如图 5-2 所示，系统收集来自执行器、被控对象和传感器传来的故障信息，进行故障检测，然后把检测的结果传输到容错控制器，由容错控制器对控制系统进行修正。容错控制分为被动容错控制和主动容错控制。

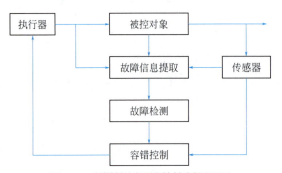

图 5-2　容错控制系统的控制原理图

（1）被动容错控制

被动容错控制基本思想是在不改变控制器和系统结构的条件下，从鲁棒控制思想出发设计控制系统，使其对故障不敏感。其特点是不管故障发生不发生，它都采用不变的控制器保证闭环系统对特定的故障具有鲁棒性。因此被动容错控制不需要故障诊断单元，不需要任何实时的故障信息。按处理不同类型故障分，被动容错控制有可靠镇定、联立镇定和完整性三种类型。

（2）主动容错控制

主动容错控制在故障发生后根据故障情况对控制器的参数重新调整，甚至还要改变结构。主动容错控制对发生的故障能够进行主动处理，因此主动容错控制需要设计较多的控制算法，能够更大限度地提高控制系统的性能。

5.2.3 汽车行驶状态和参数的估计

汽车线控系统的实现需要很多汽车行驶状态和参数的保障，而这些参数一部分是通过传感器测得的，像车速、发动机转速、转向盘的转角等，但是很多参数是传感器无法直接测得的，例如路面的附着系数、制动时轮胎的滑移率、前后轮侧偏角，以及车轮纵/侧垂向力等。即使是传感器可以测得的参数也会受到传感器精度的影响，例如存在标定误差以及温度漂移误差，这些参数往往需要经过处理才能使用。针对汽车行驶状态和参数，国内外学者做了大量的研究，包括采用线性观测器、鲁棒观测器、滑模观测器、龙伯格观测器以及卡尔曼滤波算法来进行估计和预测。由于模型往往采用的是比较固定的参数，因此与实时变化的实际情况存在着一定的差距。

5.2.4 汽车网络技术

随着线控系统数量的增多，各线控系统不可能独立工作，例如转向和制动就需要进行协调控制，实现资源共享减少延迟，以满足不同情况下，对转向能力和制动效能的要求。因此对通信时间的离散和延时性提出了更高的要求。采用传统基于事件的网络通信协议时，若几个信息同时进行发送，往往会造成网络交通拥挤，虽然可以通过仲裁机制来保证这些信息以既定的优先级发送，但也会造成某些信息的延迟。目前基于时间触发的通信网络协议已经被汽车企业广泛采用，在明确定义的时间点执行操作，即各线控系统同步之后，每个系统在一个特定的时间窗口传送自己的信息，而不必再去竞争总线，提高了数据的传输速率和可靠性。

汽车网络技术从 20 世纪 80 年代提出以来，迄今为止，已形成了多种网络标准。目前存在的多种汽车网络标准，其侧重的功能有所不同。20 世纪 90 年代中期，美国汽车工程师学会（SAE）按照汽车上网络系统的性能由低到高将其划分为 A 级、B 级、C 级网络，D 级以上没有定义，详见表 5-1。目前，应用较为广泛的两个时间触发网络通信协议是 TTP/C 和 FlexRay。

表 5-1 汽车网络分级

类别	对象	位速率/(kbit/s)	应用范围	主要总线
A	面向传感器执行器的低速网络	1～10	电动门窗、座椅调节、灯光照明等控制	TTP/A、LIN
B	面向独立模块间数据共享的中速网络	>10～125	电子车辆信息中心、故障诊断、仪表显示、安全气囊等系统	CAN
C	面向高速、实时闭环控制的多路传输网络	>125～1000	悬架控制、牵引控制、发动机控制、ABC 等系统	CAN、TTP/C、FlexRay

（1）TTP/C

TTP/C（Time Triggered Protocol SAE Class C），即满足美国汽车工程师学会（SAE）C 级网络的时间触发协议，是一个基于时间触发的、集成的、有容错功能的实时网络通信协议，以 TDMA（时分多址）为媒体访问方式。

TTP/C 网络是由一系列连接到两个冗余通道上的节点构成的。这两个通道被称为通道 0 和通道 1，每一个通道都包含一条 TTP 总线，一个 TTP/C 网络和与此相关的节点被称作簇。典型的 TTP/C 网络架构如图 5-3 所示，主要由主机、主机和协议控制器接口 CNI（Communication Network Interface）、TTP/C 协议控制器和总线监控器 BG（Bus Guardian）构成。大众德尔福、标致、东风雪铁龙等公司采用了该标准。

（2）FlexRay

2000 年 9 月，宝马和戴姆勒 - 克莱斯勒联合飞利浦和摩托罗拉成立了 FlexRay 联盟。该联盟致力于推广 FlexRay 通信系统在全球的应用，使其成为高级动力总成、底盘、线控系统的标准协议。

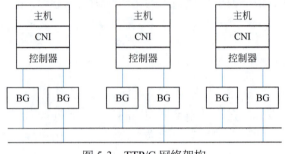

图 5-3　TTP/C 网络架构

FlexRay 通信原理如图 5-4 所示，ECU 即节点（Node），是接入车载网络中的独立完成相应功能的控制单元。主要由电源供给系统、主控制器、固化 FlexRay 通信控制器、可选的总线监控器和总线驱动器组成。主控制器提供和产生数据，并通过 FlexRay 通信控制器传送出去。FlexRay 既支持时间触发访问方式也支持事件触发访问方式，具有比 TTP/C 更好的灵活性。

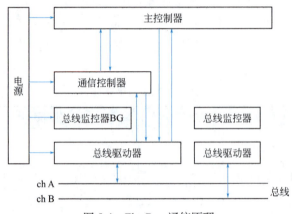

图 5-4　FlexRay 通信原理

FlexRay 协议主要是满足两方面的要求：①可靠性。FlexRay 采用冗余备份的办法，分别由两条总线和两个网络控制器构成一个完整网络，每个总线驱动器分别和两条总线相连，正常情况下可以利用双通道进行数据传递，当其中一个网络发生故障时也可以由另一个备份网络承担通信任务。②速度。启动、制动和方向等控制有很强的实时特性，必须有很高的数据传输速率才能满足。

（3）CAN 总线

1986 年，德国博世公司首次在 SAE 大会上介绍了其发明的新型串行总线——CAN 总线，经过几十年的发展，CAN 总线协议已经成为汽车计算机控制系统和嵌入式工业控制局域网的标准总线，并且拥有以 CAN 为底层协议专为大型货车、客车和重型机械车辆设计的 SAE J1939 协议。为了解决总线上信息增多产生的信息延迟现象，博世在标准 CAN 协议上扩展了支持时间触发的协议——TTCAN。由于标准 CAN 在汽车领域的成功，TTCAN 或许也将成为未来线控领域广泛应用的总线协议。

5.2.5 汽车电源技术

随着汽车上线控系统数量的增多，传感器、控制器和执行机构也随之增多，这就需要汽车有强大的电力保证，传统的小型汽车电源都采用 14V 电源系统，仅能提供 3kW 的功率，随着线控系统数量的增多，系统各执行器需要的功率也越来越大，因此传统的汽车电源难以保证用电需求，需要采用更高电压的汽车电源。

汽车电器数量的增多使得汽车电源从 14V 供电系统向 42V 供电系统转化已经成为必然趋势，根据欧洲的安全法规定，人体的安全电压在 50V 以内，任何超过 60V 电压的系统，在导线和连接处都要有特殊的绝缘措施，这将增加系统的重量和成本。因此，选择 42V 电压，就是希望在满足电能需要的同时，能像传统的 12V 系统一样，即使触碰到电极或金属车体时也不会对人体安全造成威胁。汽车 42V 电源实际上是由 36V 蓄电池和 42V 交流/直流发电机组成，与传统 12V 供电系统相比，传输同样的功率，只需要 1/3 的电流，极大地降低了负载的电流和能量的损耗，另外 42V 系统可以将功率提升到 8kW，极大地提高了带负载的能力。汽车更换 42V 电源系统不只是更换电源以及线束那么简单，汽车的结构、电气系统之间的功率匹配以及因电压升高引起的开关处的电弧现象都是需要解决的问题。

5.3 线控转向系统

5.3.1 线控转向系统概述

汽车的转向系统经历了机械转向系统、液压助力转向系统、电控液压助力转向系统、电动助力转向系统的发展过程，随着线控技术的发展，线控转向技术也逐渐出现在汽车的转向系统中。

线控转向系统（Steering by Wire，SBW）是智能网联汽车实现路径跟踪与避障避险必要的关键技术，为智能网联汽车实现自主转向提供了良好的硬件基础，其性能直接影响主动安全与驾乘体验。线控转向系统取消了传统的机械式转向装置，转向盘和转向轮之间无机械连接，可以减轻车体重量，消除路面冲击，具有减小噪声和隔振等优点。而且，线控转向系统还可以轻易地通过控制程序实现变传动比控制甚至理想传动比控制，即提高在低速时转向的灵敏性和高速时转向的稳定性，控制汽车的横摆角速度和质心侧偏角。

20 世纪 60 年代，美国天合汽车集团（TRW）联合其他转向系统的开发商首次提出线控转向系统的设想。其后，很多汽车企业和科研机构纷纷投入对线控转向的研究。近年来，由于线控转向技术的日渐成熟，一些汽车生产商开始将其投入生产。在 2013 年 1 月 14 日的底特律车展上，日产展示了英菲尼迪 Q50，这是最早将线控转向技术应用到量产的车型。2017 年，耐世特（Nexteer）公司开发了耐世特随需转向系统和耐世特静默转向盘系统，如图 5-5 和图 5-6 所示。

随需转向系统可实现人工控制和自动驾驶控制的安全切换，支持运动、舒适、手动操控等多个驾驶模式。

静默转向盘系统使得在自动驾驶中转向盘保持静止状态，还可搭载完全可收缩式转向管柱，在自动驾驶模式下转向盘可收缩至仪表板内，增加可用空间并提升驾驶舱舒适度。

相比于国外，我国有关线控转向系统的研究起步较晚。目前国内对线控转向系统的研究多数以高校的理论研究为主，并且已经取得一些进展。

图 5-5　耐世特随需转向系统

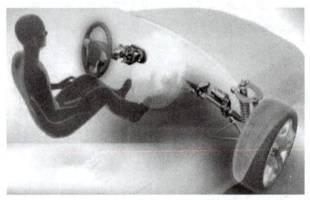

图 5-6　耐世特静默转向盘系统

吉林大学的宗长富、郑宏宇、田承伟等提出采用卡尔曼滤波算法对转向器齿条力进行估算，设计了一种基于转向器齿条力的路感模拟策略。同时提出了汽车稳态转向增益不变的理想可变转向传动比的控制策略，与横摆角速度和侧向加速度的综合反馈主动前轮转向控制策略，并基于两种策略验证分析了线控转向汽车的操纵性、稳定性和安全性。在相关企业的资助下，研发出了线控转向试验样车。

武汉理工大学的杨胜兵副教授分析了不同汽车状态变量（车速、转向盘转角等）对转向盘力矩特性的影响，设计了各变量与转向盘力矩函数关系。根据变量对路感的影响程度，对各函数进行加权处理得到路感函数多变量模糊控制器，并于硬件在环试验台上对控制器性能进行了验证。

同时，国内一些车企（如长安、奇瑞、长城等）也纷纷开始致力于线控转向系统及其相关领域的研究工作，都投入了大量的人力、物力和财力对 SBW 系统进行研究和开发，预计几年内，配有线控转向系统的自主品牌汽车将会问世。

5.3.2　线控转向系统组成及工作原理

线控转向系统取消了转向盘和转向器之间的机械连接，直接通过电信号控制转向电机来控制汽车转向，主要由转向盘总成、转向执行总成和主控制器（CPU）以及自动防故障系统、电源系统等辅助系统组成，如图 5-7 所示。

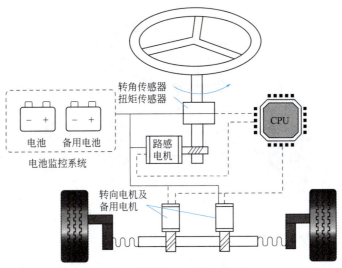

图 5-7 线控转向系统示意图

转向盘总成是由转向盘、转向盘转角传感器、扭矩传感器和路感电机组成。当转向盘转动时带动转角传感器的大齿轮转动，大齿轮带动装有磁体的两个小齿轮转动，产生变化的磁场，通过敏感电路检测这种变化产生的转角信号，通过 CAN 总线将数据发送出去。扭矩传感器的检测原理也是类似。路感电机则是将主控制器传来的回正信号转化为回正力矩，向驾驶员提供路感。

转向执行总成包括转向电机、前轮转角传感器、转向器和转向拉杆等部件，其功能是快速响应主控制器传来的转角信号，完成车辆的转向。

主控制器（CPU）的作用就是采集包括转向盘转角、转向盘扭矩、车速等传感器的信息，根据内部的程序，计算出合适的前轮转角发送到转向电机，实现车辆转向，计算出合适的回正力矩传递给路感电机，向驾驶员提供路感。

自动防故障系统包括一系列的监控和实施算法，能够针对不同的故障形式和等级作出相应的处理，从而最大限度地保持汽车正常行驶。

电源系统承担着控制器、两个执行电机以及其他车用电机的供电任务，加上汽车上的其他电子设备，电源的负担就已经相当沉重了。所以需要保证电网在大负荷下稳定工作。

线控转向系统的工作原理是：当转向盘转动时，转向盘扭矩传感器和转角传感器将测量到的驾驶人转矩和转向盘的转角转变成电信号输入 CPU，CPU 依据车速传感器和前轮转角传感器的信号来控制转向电机的旋转方向、转矩大小和旋转角度，通过机械转向装置控制转向轮的转向位置，使汽车沿着驾驶人期望的轨迹行驶。

5.3.3 线控转向系统应用

（1）英菲尼迪 Q50 线控转向系统

最早将线控转向技术应用到量产车型的是英菲尼迪 Q50，如图 5-8 所示，其在结构上最大特点是使用三组 ECU 电脑根据转向盘的转动来控制车轮的转动角度和速度，转向盘和车轮之间的机械结构仅是备用系统，如果 ECU 电脑出现问题，机械结构才会发挥应急作用。

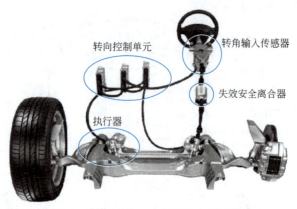

图 5-8　英菲尼迪 Q50 线控转向系统组成

（2）博世线控转向系统

博世线控转向系统与英菲尼迪 Q50 的线控转向系统有很大的区别，博世公司开发的线控转向系统完全取消了转向柱，由上转向执行器构成的上转向系统和全冗余式下转向执行器构成的下转向系统组成，而且上转向系统和下转向系统之间没有刚性连接，如图 5-9 所示。

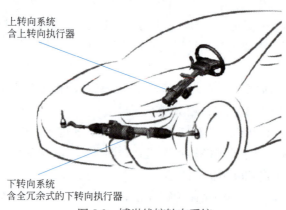

图 5-9　博世线控转向系统

5.4　线控驱动系统

5.4.1　线控驱动系统的概念

线控驱动（Drive by Wire，DBW）系统的核心是实现车辆的速度控制。传统的驱动控制是驾驶员控制油门踏板，实现汽车的速度控制。而智能网联汽车的驱动控制是通过油门踏板的自动控制，实现电子节气门开度的自动调整，调节进气量大小，从而实现控制车速的目的。

线控驱动系统是智能网联汽车的关键技术，为智能网联汽车实现自动行驶提供了良好的硬件基础，也称为线控节气门或者电控节气门。而且，线控驱动系统可以使智能网联汽车更为便捷地实现定速巡航和自适应巡航等功能。

发动机通过线束代替拉索或者拉杆，在节气门侧安装驱动电动机带动节气门改变开度，根据汽车的工况及发动机的状态，结合驾驶员的油门踏板深度，精确调节进入气缸的油气混合物（实时调节节气门的位置），可以改善发动机的燃烧状况，大大提高汽车的动力性和经济性。

5.4.2 传统节气门与线控驱动系统的区别

传统节气门如图 5-10 所示。通过机械结构连接，反应延迟小；没有办法应对复杂道路下的各种工况，油耗和排放都不能得到很好地控制。

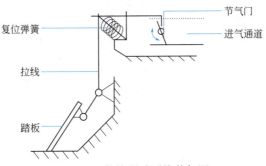

图 5-10　传统驱动系统节气门

线控驱动系统主要由加速踏板、加速踏板位置传感器、ECU、数据总线、伺服电动机和加速踏板执行机构组成。该系统取消了加速踏板和节气门之间的机械结构，通过加速踏板位置传感器检测加速踏板的绝对位移。ECU 计算得到最佳的节气门开度后，输出指令驱动电机控制节气门保持最佳开度，如图 5-11 所示。同时，节气门位置传感器将此时的开度反馈给电子油门控制单元，实现了闭环控制，从而达到最优的控制效果。

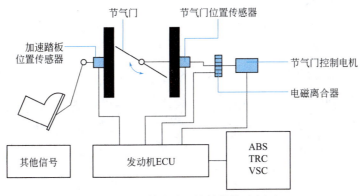

图 5-11　线控驱动系统的结构示意图

5.4.3 线控驱动系统的分类及控制原理

在智能网联汽车中，线控驱动系统主要分为燃油汽车线控驱动系统和电动汽车线控驱动系统两种类型。

（1）燃油汽车线控驱动系统

对于燃油汽车而言，只需要能够实现油门踏板的自动控制就能够实现线控驱动，如图 5-12 所示，主要有以下两种方式。

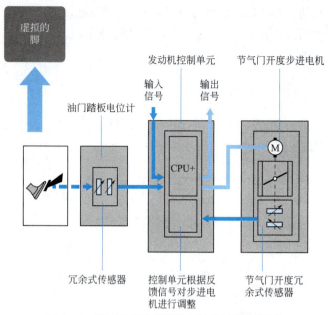

图 5-12 燃油汽车线控驱动系统的控制原理图

方式一：在加速踏板的位置增加一套执行机构，模拟驾驶员踩加速踏板，同时还要增加一套闭环负反馈控制系统，输入的是目标车速信号，把实际车速作为反馈，如图 5-13 所示。通过控制系统的计算，控制执行机构具体动作。

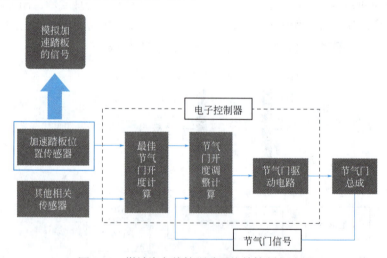

图 5-13 燃油汽车线控驱动系统的控制方式图

方式二：接收节气门控制单元加速踏板的位置信号，只需要增加一套控制系统，输入目标车速信号，把实际的车速作为反馈，最后控制系统计算输出加速踏板位置信号给节气门控制单元。

（2）电动汽车线控驱动系统

电动汽车线控驱动系统主要由整车控制单元（VCU）控制，如图 5-14 所示。VCU 的主要功能是实现扭矩需求的计算以及实现扭矩分配。

VCU 接收车速信号、加速信号、制动信号、电池电压及电池荷电状态（SOC）的信息，还包括驱动电机的状态信息，然后在 VCU 内部进行计算，发送扭矩指令给电机控制单元，电机控制单元接收到 VCU 的扭矩需求后进行电机转矩的控制，从而能够实现实时地响应 VCU 的扭矩需求。所以需要通过 VCU 的速度控制接口来实现线控驱动控制。

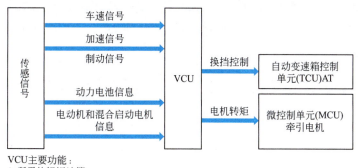

图 5-14　电动汽车线控驱动系统控制原理框图

5.5　线控制动系统

5.5.1　线控制动系统的概念

线控制动（Brake by Wire，BBW）的核心也是速度控制，目的是使车辆减速或者停车。BBW 将原有的制动踏板用一个模拟器替代，用以接收驾驶员的制动意图，产生、传递制动信号给控制和执行机构，并根据一定的算法模拟反馈给驾驶员。其基本原理如图 5-15 所示。

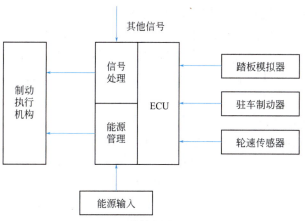

图 5-15　线控制动原理框图

5.5.2　线控制动系统分类、组成及工作原理

线控制动系统即电子控制制动系统，主要有电子液压制动系统和电子机械制动系统两种。

（1）电子液压制动系统

电子液压制动（Electronic Hydraulic Brake，EHB）由传统的液压制动发展而来，与传统的制动不同，EHB 的制动压力不是由驾驶员的力及真空助力器的伺服力产生的。

电子液压制动系统如图 5-16 所示，EHB 系统主要由制动踏板、电控单元（ECU）、各种传感器以及液压执行元件组成。EHB 以电子元件代替制动踏板和制动器之间原有的部分机械元件，不再是直接的液压连接，而是通过踏板制动传感器接收制动踏板的位移和踏板力，并把位移信号转化成电信号传递给电控单元，实现制动踏板行程和制动力按比例进行调控。也就是说，驾驶员的制动意图通过制动踏板转角传感器的转角、角加速度和主缸液压力等信号来识别。

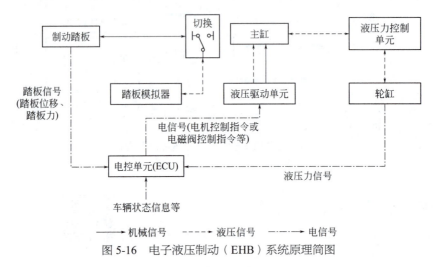

图 5-16 电子液压制动（EHB）系统原理简图

液压力控制单元是由电机、液压泵和高压蓄能器组成的供能系统，经制动管路和方向控制阀与制动轮缸相连，控制制动液流入/流出制动轮缸，从而实现制动压力控制。电机和液压泵向高压蓄能器中注入制动液，使高压蓄能器中的液压力保持在一定范围内，当制动时，高压蓄能器中的制动液进入轮缸中产生制动力。每一个轮缸的制动力通过电磁阀及压力传感器实现精确调节。由于隔离阀的存在，驾驶员踩踏板时主缸中的制动液不会进入轮缸，而是进入踏板模拟器来产生一个与传统制动系统类似的踏板感觉。但是当电控系统失效时，隔离阀打开，EHB 系统变成一个传统的液压制动系统，此时主缸中的制动液进入轮缸来产生制动力，从而使汽车减速。

EHB 系统能通过软件集成如 ABS（防抱死制动系统）、ESP（电子稳定程序）、TCS（牵引力控制系统）等功能模块，进一步提高行车的安全性及舒适性。当制动器涉水后，EHB 系统可以通过适当的制动动作，恢复制动器的干燥，保持制动器的工作性能。与传统的液压或气压制动系统相比，EHB 系统增加了制动系统的安全性，使车辆在线控制动系统失效时还可以进行制动。但是备用系统中仍然包含复杂的制动液传输管路，使 EHB 系统并不完全具备线控制动系统的优点。

（2）电子机械制动系统

电子机械式线控制动（Electronic Mechanical Brake，EMB）系统与常规的液压制动系统截然不同。EMB 系统以电能为能量来源，由电线传递能量，数据线传递信号，通过电机驱动制动垫块；每个车轮上都可以安装一个独立工作的电子机械制动器，也称为分布式或干式制动系统；整个系统中没有液压油管路，不存在液压油泄漏问题；结构简单，体积小；信号通过电传播，反应灵敏，减小制动距离，工作稳定，维护简单；通过 ECU 直接控制，易于实现

ABS、TCS、ESP、ACC 等功能。

电子机械式线控制动系统原理如图 5-17 所示。电机直接安装在制动钳体上，当 ECU 接收到制动指令后，通过车载计算机网络向制动执行机构发出指令，控制电子机械制动器中工作电机电流大小和转角，通过电子机械制动器减速机构和运动转换机构来推动制动模块产生制动力。

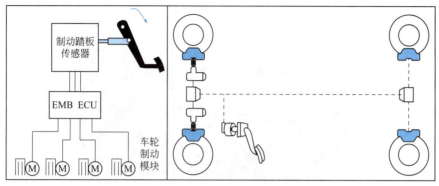

图 5-17　电子机械式线控制动系统原理

5.5.3　典型线控制动技术

（1）博士 iBooster 线控制动技术

早在 1999 年，德国大众汽车就设想采用电机直接推动主缸的设计，但是由于当时的电机无法满足要求，于是采用了高压蓄能器与之配合使用。博世于 2013 年去掉了高压蓄能器，直接采用电机推动主缸，这就是 iBooster 线控制动技术，如图 5-18 所示。目前比亚迪汽车已经使用了该技术。

iBooster 线控制动技术的原理是当驾驶员踩下刹车时，输入杆会推动阀体移动，位于下方的踏板行程传感器会把踏板行程信息传递给电子控制单元，电子控制单元将踏板行程信息处理之后得到合适的制动力矩，并把制动信号传递给直流无刷电机，电机转动将制动力矩通过二级齿轮单元放大后推动助力器阀体，最终推动制动主缸实现制动。

图 5-18　博世 iBooster 线控制动系统

由于采用电力作为制动力来源，iBooster 线控制动技术的最大的特点是脱离了以前的真空助力设备，也就是不用发动机或者电动泵带动真空助力泵来帮助刹车，简化了制动系统。同时，这套新技术也可以与再生制动等电制动手段结合，满足日常刹车的要求，降低制动系统的磨损,同时也能通过电机的反向作用,弥补刹车踏板在制动能量回收等状态下的力度反馈,让驾驶更为顺畅。

(2)西门子 VDO 汽车电子公司的 EMB 系统

西门子 VDO 的 EMB 系统示意图如图 5-19 所示,它不再需要制动液和液压部件,制动力矩完全是通过安装在 4 个轮胎上的由电机驱动的执行机构产生。因此相应地取消了制动主缸、液压管路等,可以大大简化制动系统的结构,便于布置、装配和维修,更为显著的优点是随着制动液的取消,对于环境的污染大大降低了。

图 5-19 西门子 VDO 的 EMB 系统示意图

5.6 线控悬架系统

5.6.1 线控悬架系统的概念

线控悬架(Suspension by Wire,SBW)系统也称为主动悬架系统,可实现缓冲振动并保持平稳行驶的功能,直接影响车辆操控性能以及驾乘感受。1980 年,Bose 公司成功研发了一款电磁主动悬架系统。1984 年,开始出现电控空气悬架,林肯汽车成为第一个采用可调整线控空气悬架系统的汽车。目前,宝马、奔驰汽车安装的"魔毯"悬架系统、凯迪拉克汽车安装的魔幻车身控制(Magic Body Control,MBC)主动电磁悬架系统以及自适应空气悬架系统均属于线控悬架系统的不同形式。

奔驰新一代 S 级采用的 MBC 线控悬架系统将主动悬架的发展带到了一个新的高度。该线控悬架系统可以根据前方路面状况,自动调节减振器的阻尼系数、车身高度等车辆参数,悬架刚度、阻尼等关键参数跟随汽车载荷和行驶速度的变化而变化,如图 5-20 所示。

图 5-20 线控悬架系统

5.6.2 线控悬架系统的组成和工作原理

线控悬架系统主要由电子控制单元（ECU）、高度传感器、空气弹簧、速度传感器、减振器、车高升降控制键盘（未给出）等部分组成，如图 5-21 所示。

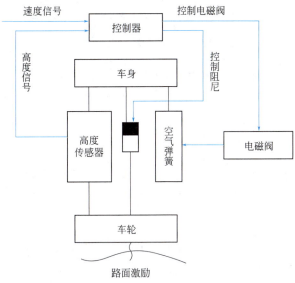

图 5-21 典型线控悬架系统的工作原理示意图

传感器负责采集汽车的行驶路况（主要是颠簸情况）、车速以及启动、加速、转向、制动等工况转变为电信号，经简单处理后传输给线控悬架 ECU，其中，主要涉及车辆的加速度传感器、高度传感器、速度传感器和转角传感器等关键传感器。

空气弹簧根据 ECU 的控制信号，准确、快速、及时地做出反应动作，包括气缸内气体质量、气体压力及电磁阀设定气压等关键参数的改变，实现对车身弹簧刚度、减振器阻尼以及车身高度的调节。

线控悬架系统执行机构主要由执行器、阻尼器、电磁阀、步进电动机和气泵电动机等组成。

线控悬架系统 ECU 可以实现减振器阻尼、空气弹簧刚度以及空气弹簧长度（车身高度）的控制等主要功能。线控悬架系统 ECU 控制示意图如图 5-22 所示。

① 减振器阻尼和弹簧刚度的控制主要保证车身在多种工况下的稳定性和舒适性，具体工况包括防侧倾控制、防点头控制、防下蹲控制、高车速控制和不平整路面控制等，如图 5-23 所示。

② 车身高度的控制主要是控制车身在水平高度，包括静止状态控制、行驶工况控制及自动水平控制等。

静止状态控制：指车辆静止时，由于乘员和货物等因素会引起车载载荷的变化，线控悬架系统会自动改变车身高度，以减少悬架系统的负荷，改善汽车的外观形象。

行驶工况控制：指将车辆静态载荷和动态载荷综合考虑，当汽车在高速行驶时，线控悬架系统主动降低车身高度，以改善行车的操纵稳定性和气动特性；当汽车行驶在起伏不平的路面时，主动升高车身，以避免车身与地面或悬架的磕碰，同时改变悬架系统的刚度，以适应驾驶舒适性的要求。

自动水平控制：指在道路平坦开阔的行驶工况下，车身高度不受动态载荷和静态载荷的影响，保持基本恒定的姿态，以保证驾乘舒适性和前照灯光束方向不变，提高行车的安全性。

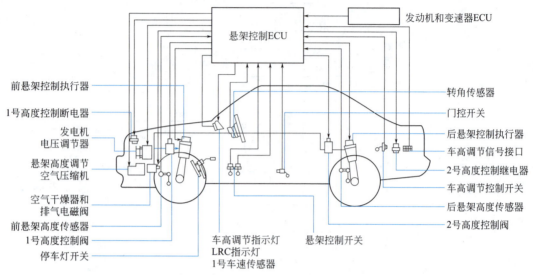

图 5-22 线控悬架系统 ECU 控制示意图

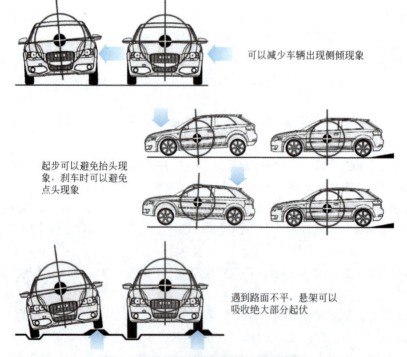

图 5-23 典型线控悬架系统功能示意图

美国 BOSE 公司推出的动力 - 发电减振器（Power Generating Shock Absorber，PCSA），是由线性电动机电磁系统（Linear Motion Electromagnetic System，LMES）组成的电磁减振器，

每个车轮单独配置一套该系统，组成车身独立悬架系统，如图 5-24 所示。其工作原理为：每个车轮的调节控制信号通过 Bose 功率放大器进行放大，以改变驱动电机的工作电流，从而驱动线性电磁电动机改变悬架的伸缩状态。安装了这套悬架系统后，路面上 200mm 高的起伏可以忽略不计。该系统不但可以为电机提供电流，而且还可以在整车行驶工况下由电机发电产生电流为电动车电池充电，形成一套电力补偿机制，非常有利于纯电动汽车使用，可以增加蓄电池的电力，延长电动汽车的续驶里程。

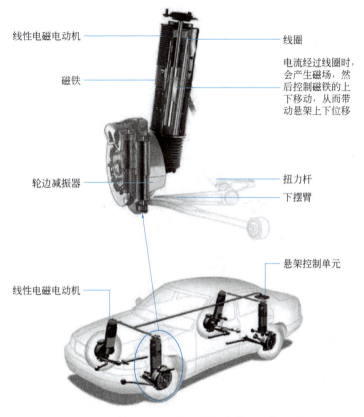

图 5-24　美国 BOSE 公司的车身独立悬架系统

5.6.3　线控悬架系统的特点

线控悬架系统可以针对汽车不同的工况，控制执行器产生不同的弹簧刚度和减振器阻尼，既能满足平顺性和操纵稳定性的要求，也能保障驾乘的舒适性要求，其主要优点如下：

① 刚度可调，可改善汽车转弯侧倾、制动前倾和加速抬头等情况。
② 汽车载荷变化时，能自动维持车身高度不变。
③ 碰到障碍物时，能瞬时提高底盘和车轮，越过障碍，使汽车的通过性得到提高。
④ 可抑制制动点头，充分利用车轮与地面的附着条件，加速制动过程，缩短制动距离。
⑤ 使车轮与地面保持良好的接触，提高车轮与地面的附着力，增加汽车抵抗侧滑的能力。

线控悬架系统复杂的结构也决定了线控悬架系统具有不可避免的缺点：

① 结构复杂，故障的概率和频率远远高于传统悬架系统。由于线控悬架要求每一个车轮

悬架都有控制单元，因此得到路面数据后的优化处理算法难度非常大，容易造成调节过度或失效。

② 采用空气作为调整底盘高度的"推进动力"，减振器的密封性要求非常高，若空气减振器出现漏气，则整个系统将处于"瘫痪"状态；而且频繁地调整底盘高度，有可能造成气泵系统局部过热，大大缩短气泵的使用寿命。

第 6 章
决策规划与控制执行系统

6.1 决策规划系统概述

6.1.1 决策规划系统概念

决策规划是自动驾驶的关键部分之一。决策规划实施步骤如图 6-1 所示，对于自动驾驶系统，如果将感知模块比作人的眼睛和耳朵，那么决策规划模块就是自动驾驶的大脑。大脑在接收到传感器的各种感知信息之后，对当前环境作出分析，规划出两点间多条可选安全路径，并在这些路径中规划选取一条最优的路径作为车辆行驶轨迹，然后下达命令到底层控制模块，这个过程就是决策规划模块的主要任务。

6.1.2 典型的决策规划模块的三个层次

典型的决策规划模块可分为三个层次：全局路径规划、行为决策、运动规划。

（1）全局路径规划

全局路径规划（图 6-2）是指在收到一个目的地信息后，结合高精度地图信息和本车的当前位置信息，生成一条最优的全局路径，作为后续局部路径规划的参考和引导。类似于我们日常生活中常用的"导航"功能：输入出发地与目的地，App 就会自动规划出一条最优路径。这里的"最优"是指路径最短、时间最快或必须经过指定点等条件。

需要注意的是，全局路径规划需要预先知道环境的准确信息，当环境发生变化时，规划结果很可能就会失效。

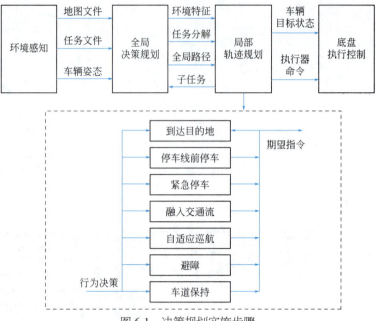

图 6-1 决策规划实施步骤

图 6-2 全局路径规划

（2）行为决策

行为决策（图 6-3）是指在接收到全局路径后，根据从感知模块得到的环境信息（其他车辆、行人等障碍物信息，道路上交通标志、红绿灯等交通规则信息），以及本车当前的行驶路径等状态信息，作出具体的行为决策（如变道超车、跟车行驶、让行、停车、进出站等）。

（3）运动规划

运动规划是指根据具体的行为决策，生成一条满足各种约束条件（如安全性、平顺性、车辆本身的动力学约束等）的轨迹，该轨迹作为控制模块的输入信息决定车辆的行驶路径。运动规划可进一步分为局部路径规划和速度规划，即将"行为"转化成一条更加具体的行驶"轨迹"，从而能够生成一系列控制信号（加速度、转向盘转角、挡位、灯光等），实现车辆的自动行驶。

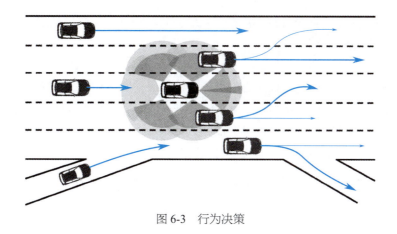

图 6-3　行为决策

6.2　决策规划方法认知

6.2.1　目标状态预测常用方法

目标状态预测（图 6-4）是对智能网联汽车周边的目标（人、车、物等）进行未来比较短时间内的行为和轨迹预测，该预测信息可附加在目标感知结果中，与环境感知信息一并发送给下层的决策端，为汽车安全决策规划提供信息依据。

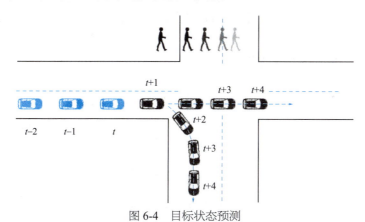

图 6-4　目标状态预测

目标状态预测主要解决两大类问题：一是目标的行为预测（包括静止、左行、右行或直行等），二是目标的轨迹预测（包含位置、时间戳、速度、角度、加速度等信息）。通过辨识目标的行为和拟合运动轨迹，实现对目标的状态预测。当前常用的目标状态预测方法主要包括以下三种。

（1）基于运动模型的卡尔曼滤波方法

基于卡尔曼滤波的目标状态预测算法，考虑了目标运动状态的不确定性变化，在恒速模型中实现了目标的运动轨迹预测。这种预测方法的优点在于计算速度快，但预测的前提是假设目标的速度与行驶方向不变，这与实际的情况并不相符，所以实际应用效果并不理想。

（2）基于马尔可夫链的预测方法

马尔可夫链是指一个满足马尔可夫性质的随机过程，故又称马尔可夫型随机动态规划。

马尔可夫性质是指 $t+k$ 时刻的状态与 t 时刻的状态有关，而与 t 时刻以前的状态无关。该方法实现了对目标状态的高效预测。

（3）基于数据的神经网络方法

神经网络方法主要基于对大数据的收集和分析，根据道路采集的环境信息和跟踪目标的运动信息，预测周围人、车以及物的运动位置。与人的大脑类似，神经网络具有很强的自学性和记忆性，对于复杂的非线性系统具有很强的函数逼近能力，其特性正好可以解决目标状态预测上传统方法所不能解决的问题。

6.2.2 行为决策常用方法

行为决策系统指智能网联汽车通过传感器感知得到交通环境信息，考虑周边环境、动/静态障碍物、车辆汇入以及让行规则等，与智能驾驶库中的经验知识等进行匹配，进而选择适合当前交通环境下的驾驶策略。这种驾驶策略一般指的是在某个特定状态下，是变道、跟随还是超车等宏观意义上的驾驶行为。

行为决策的目标主要是保证智能网联汽车可以像人类一样产生安全的驾驶行为，满足车辆安全性能，遵守交通法规等原则。智能网联汽车的行为决策方法包括基于规则的行为决策方法和基于强化学习的行为决策方法。

（1）基于规则的行为决策方法

在智能网联汽车中，基于规则的行为决策方法是最常用的。如图 6-5 所示，该方法主要是将无人车的运动行为进行划分，根据当前任务路线、交通状况以及驾驶规则知识库等建立行为规则库，对不同的环境状态进行行为决策逻辑推理，输出驾驶行为，同时接收并根据运动规划层对当前行为执行情况的反馈情况，进行实时动态调整。

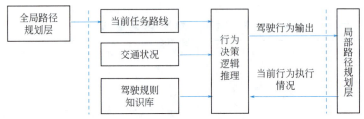

图 6-5 基于规则的行为决策方法架构

有限状态机是一种离散的数学模型，用来研究有限个状态以及状态之间的转移，其主要包括有限状态集合、输入集合和状态转移规则集合三部分。状态、转移、事件和动作是有限状态机的四大要素。

以基于规则的超车行为决策为例，主要分为顶层状态机和超车顶层状态下的子状态机，如图 6-6 所示。

在超车顶层状态机下设置了超车子状态机，对超车过程中不同驾驶阶段下的转换进行逻辑建模。超车行为决策与人类驾驶行为类似，在超车子状态机下分别包括左换道准备、左换道和并行超越等。左换道准备为超车子状态机的默认初始状态，在左右换向状态下，智能网联汽车将开启相应的转向信号灯，产生一定的转向偏移，以此来提示后方车辆。同时，智能网联汽车会根据其左后或右后车辆是否避让的状态来决定是否进行下一步的超车计划。并行超越主要用于车辆进行超车的阶段，指导车辆在超车过程中的速度变化、转向盘角度变化等，并指导车辆在超车完成后及时返回原来的车道，减少在整个超车过程中的安全风险。

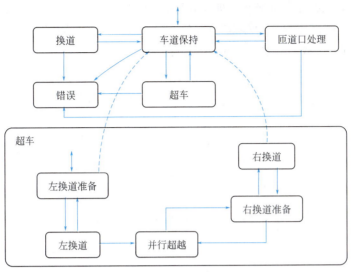

图 6-6 基于规则的超车行为决策方法架构

（2）基于强化学习的行为决策方法

基于强化学习算法的行为决策方法主要是利用各种学习算法来进行决策，利用智能网联汽车配备的各种传感器，来感知周边的环境信息，传递给强化学习决策系统，此时强化学习决策系统的作用就相当于人脑，来对各类信息进行分析和处理，并结合经验来对无人驾驶汽车做出行为决策。

基于强化学习的行为决策方法近年来发展迅速，主要有马尔可夫决策、神经网络学习算法等，这些行为决策方法可以收集和分析大量的数据，因此更容易覆盖全部的工况以及不同的场景，如自动驾驶汽车公司 Waymo 就通过模拟驾驶及道路测试来获取了大量的数据，对其基于学习算法的行为决策系统进行训练，使得该系统对物体的检测性能得到了极大的提高，还可以对障碍物进行语义理解等。

6.2.3 路径规划常用方法

路径规划是在当前工作环境中按照某种性能指标搜索出一条从起点到终点的最优或次优路径。严格意义上讲，路径规划是将行为决策的宏观指令解释成一条带有时间信息的轨迹曲线，包括轨迹规划和速度规划。

根据车辆导航系统的研究历程，智能网联汽车路径规划算法可分为静态路径规划算法和动态路径规划算法。静态路径规划是以物理地理信息和交通规则等条件为约束来寻求最短路径，静态路径规划算法相对比较简单，是目前比较成熟的一种算法，但对于实际的交通状况来说，其应用意义不大。动态路径规划是在静态路径规划的基础上，结合实时的交通信息对预先规划好的最优行车路线进行适时的调整直至到达目的地，最终得到最优路径。下面介绍几种常见的车辆路径规划方法：

（1）A*算法

A*算法是一种启发式搜索算法，其通过引入估价损失函数，加快算法收敛速度，提高了局部搜索算法的搜索精度，进而得到广泛的应用，是当今较为流行的最短路径算法。同时，A*算法运算所消耗的存储空间较少。如图6-7所示，图中小圆圈表示障碍物，小三角形表示起始点。其会根据栅格地图上的障碍物信息，建立从起点到目标点的路径评估函数表达式，并以寻找最少的损失函数为依据，规划最短可行路径。

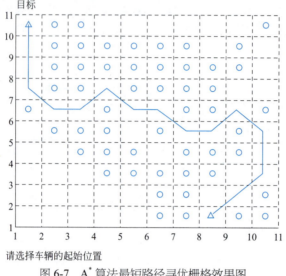

图6-7 A*算法最短路径寻优栅格效果图

（2）Dijkstra算法

Dijkstra算法由荷兰计算机科学家狄克斯特拉于1959年提出，是典型的单源最短路径算法，用于计算一个节点到其他所有节点的最短路径，如图6-8所示，适用于计算道路权值均为非负值时的最短路径问题。主要特点是以起始点为中心向外层层扩展，直到扩展到终点为止。但具有输入为大型稀疏矩阵限定性，又具有占用空间大、耗时长等缺陷。

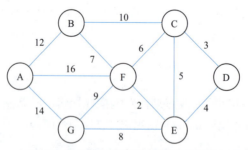

图6-8 Dijkstra权值计算策略示意图

其他较常用的规划算法还包括Floyd算法、双向搜索算法、蚁群算法、基于分层路网的搜索算法、神经网络算法、实时启发式搜索算法、模糊控制以及遗传算法等，需要根据不同的实际需求设计和优化不同的规划算法。然而，大多数单一算法在应用于车辆路径规划问题时，都会存在一定的缺陷，所以当前的任务是利用多种算法，融合各自优势，来构建混合算法，取长补短；同时，基于人工智能技术衍生而来的，例如包括深度学习、增强学习、贝叶斯网络等在内的多种方法融合的技术，也将会成为后续的主流方案之一。

6.2.4 路径规划的一般步骤

在目标状态预测之后,需要对智能网联汽车路径进行规划。路径规划的基本思路是:把需要解决的最短时间、最短距离、最少花费等问题转变成求解最短路径。因为只要找到了最短路径,以上问题就都将得到解决。其一般步骤主要包括环境建模、路径搜索和路径平滑三个环节。

① 环境建模。环境建模是路径规划的重要环节,目的是建立一个便于计算机进行路径规划所使用的环境模型,即将实际的物理空间抽象成算法能够处理的抽象空间,实现相互间的映射。

② 路径搜索。路径搜索阶段是在环境模型的基础上,应用相应算法寻找一条行走路径,使预定的性能函数获得最优值。

③ 路径平滑。通过相应算法搜索出的路径并不一定是一条运动体可以行走的可行路径,需要做进一步处理与平滑才能使其成为一条实际可行的路径。

对于离散域范围内的路径规划问题,或者在环境建模或路径搜索前已经做好路径可行性分析的问题,路径平滑环节可以省去。

6.3 控制执行系统概述

6.3.1 控制执行系统概念

控制执行系统是自动驾驶汽车的最后环节。如果说环境感知系统相当于驾驶员的眼睛、决策规划系统相当于驾驶员的大脑,那么控制执行系统就相当于驾驶员的手脚。

具体而言,自动驾驶控制执行系统是指系统做出决策规划以后,替代驾驶员对车辆进行控制,反馈到底层模块执行任务。车辆的各个操控系统需要通过总线与决策系统相连接,并能够按照决策规划系统发出的总线指令精确地控制加速程度、制动程度、转向幅度、灯光控制等驾驶动作,以实现车辆的自动驾驶。

6.3.2 控制执行的类型

智能网联汽车的控制执行主要包括车辆的纵向运动控制、横向运动控制和横纵向协同运动控制。纵向运动控制(图6-9),即车辆的制动和驱动控制。横向运动控制(图6-10),即通过轮胎力的控制以及转向盘角度的调整,实现自动驾驶汽车的规划路径跟踪。

图6-9 纵向运动控制

图 6-10　横向运动控制

6.3.3　控制执行系统控制方法

智能网联汽车控制方法可划分为两种，分别为典型控制方法与现代控制方法。

6.3.3.1　典型控制方法

（1）PID 控制理论

比例 - 积分 - 微分控制，即 PID（Proportional-Integral-Differential）控制，是最早发展起来的控制策略之一。PID 控制由比例单元 P、积分单元 I 和微分单元 D 组成，其反馈控制原理如图 6-11 所示。首先对输入误差 e 进行比例、积分、微分运算，运算后的叠加结果 u 作为输出量用以控制被控对象，同时被控对象融合当时状态输出反馈信号 y，再次与期望值 r 进行比较，得到的误差 e 再次进行比例、积分、微分调节，如此循环进行，直到达到控制效果。综上所述 PID 控制是根据给定值和实际输出值构成控制偏差，将偏差按比例、积分和微分通过线性组合构成控制量，对被控对象进行控制。由于其算法简单、鲁棒性好和可靠性高，至今仍有 90% 左右的控制回路具有 PID 结构。

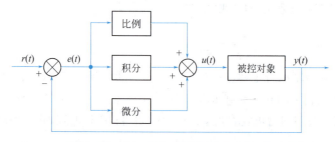

图 6-11　PID 反馈控制原理

① 比例控制。比例控制是 PID 控制中最简单的控制方式，比例控制的输出与输入的误差值成比例关系，但仅有比例控制时，系统的输出一般存在稳态误差。

② 积分控制。积分控制的输出与输入误差值的积分成正比关系。对于一个控制系统，如果系统在进入稳态后仍然存在一定的稳态误差，就称其为有差系统。为了消除这部分稳态误差，必须在控制器中引入积分项。对误差求关于时间的积分可知，随着时间的增加，积分项的值会随之增大。因此，即使误差很小，随着时间的增加，积分项也会越来越大。积分控制使控制器的输出增大的同时，使稳态误差进一步减小，直到误差完全消除。因此，比例控制和积分控制相结合，可以使系统快速进入稳态，并且无稳态误差，一般称为 PI 控制。

③ 微分控制。微分控制的输出与输入误差值的微分（即误差变化率）成正比关系。控制系统在消除误差的过程中可能会出现频繁振荡甚至失稳现象，其原因是系统中存在较大惯性或滞后的环节，使得消除误差的环节的变化总是滞后于误差的变化。解决该问题的方法是使消除误差的环节的变化"超前"，也就是在误差接近零时，消除误差的环节已经是零。因此，在控制器中只适用比例控制往往是不够的，因为比例项的作用是放大误差的幅值，而这种情况下需要增加的是微分控制，因为它能够预测系统误差的变化趋势，所以具有比例控制和微分控制的控制器，能够提前使消除误差的控制环节为零，甚至变成负值，从而避免出现被控量严重超调的情况。对具有较大惯性和滞后特点的控制对象，比例控制和微分控制结合能改善系统在动态调节过程中的系统特性。

（2）PID 参数调整

在对 PID 参数进行调整时，最理想的方法是通过理论方法计算 PID 参数，但在实际的应用中，往往是通过试凑法来确定 PID 参数。例如，当增大比例系数时，一般会加快系统的响应速度，在系统存在稳态误差时，该方法有利于快速减小稳态误差，但是比例系数过大，容易使系统出现较大的超调量，且产生振荡，导致系统稳定性变差；当增大积分时间时，会减小系统超调量，并减少振荡，增加系统的稳定性，但同时会使系统稳态误差的消除时间增加；当增大微分时间时，会加快系统响应速度，减小系统超调量，增加系统稳定性，但会使系统对扰动的抵抗能力减弱。

使用试凑法时，可参照以上三个参数对系统控制过程的影响趋势，来对参数进行调整，一般调整顺序为比例、积分、微分，详细过程如下。

① 调整比例部分，如将比例参数增大，并观察控制系统响应，直至得到一组响应快、超调量小的曲线。如果此时系统不存在稳态误差或者稳态误差已被消除到允许的范围内，则只调节比例系数即可。

② 如果在调节比例系数的时候，系统的稳态误差不满足要求，则必须引入积分环节。

在调整时先将积分时间设定到某一较大值，再将调节好的比例系数适当缩小（一般缩小为原值的 0.8），然后减小积分时间，使系统在具有良好动态性能的同时，消除稳态误差。在此过程中，可以根据系统响应曲线，多次改变比例系数或积分时间系数，直至得到满意的控制效果为止。

③ 在调整过程中，如果对系统的控制过程进行多次调整仍然不能得到满意的控制效果，那么可以考虑引入微分环节。一般情况下，需要先把微分时间系数设置为 0，在上述操作的基础上，缓慢增加微分时间，并且相应地改变比例系数以及积分时间系数，反复试凑，直至得到预期的控制效果。

6.3.3.2 现代控制方法

现代控制方法主要有预测模型控制、模糊控制、线性二次型最优控制、滑模控制、神经网络控制、深度学习方法等。

（1）模型预测控制

模型预测控制（Model Predictive Control，MPC）是在每一个采样周期，通过求解一个有限时域开环最优控制问题来获得其当前的控制序列。系统的当前状态视为最优控制问题的初始状态，求得的最优控制序列中，只执行第一个控制动作。这是其与使用优先求解控制律的控制方法的最大区别。这种控制方法的优点是对模型的精度要求不高，但建模方便，且因为采用非最小化描述的模型，系统鲁棒性、稳定性较好。

模型预测控制原理如图 6-12 所示，k 轴为当前状态，左侧为过去状态，右侧为将来状态。也就是说，模型预测控制实际上是一种与时间相关的、利用系统当前状态和当前的控制量，来实现对系统未来状态的控制的方法。而系统未来的状态是不定的，因此在控制过程中要不断地根据系统状态对未来的控制量做出调整。而且相较于经典的 PID 控制，它具有优化和预测的能力。也就是说，模型预测控制是一种致力于将更长时间跨度甚至于无穷时间的最优化控制问题，分解为若干更短时间跨度或者有限时间跨度的最优化控制问题，并且在一定程度上仍然追求最优解。本质上模型预测控制是要求解一个开环最优控制问题，它的思想与具体的模型无关，但是实现的过程则与模型有关。

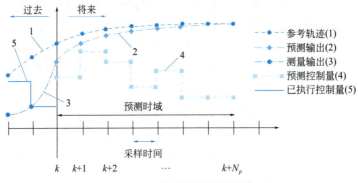

图 6-12　模型预测控制原理

MPC 主要由预测模型、反馈校正和滚动优化三部分组成。

① 预测模型。预测控制应具有预测功能，即能够根据系统的现时刻的控制输入以及过程的历史信息，预测过程输出的未来值，因此，需要一个描述系统动态行为的模型作为预测模型。

在预测控制中的各种不同算法，常采用不同类型的预测模型，如最基本的模型算法控制（MAC）采用的是系统的单位脉冲响应曲线，而动态矩阵控制（DMC）采用的是系统的阶跃响应曲线。这两者模型可以互相之间转换，且都属于非参数模型，在实际的控制过程中比较容易通过实验测得，不必进行复杂的数据处理，虽然精度不是很高，但数据冗余量大，抗干扰能力较强。

预测模型具有展示过程未来动态行为的功能，这样就可以像在系统仿真时那样，任意地给出未来控制策略，观察过程不同控制策略下的输出变化，从而为比较这些控制策略的优劣提供了基础。

② 反馈校正。在预测控制中，采用预测模型进行过程输出值的预估只是一种理想的方式，在实际过程中，可能存在非线性、模型失配和干扰等不确定因素，使基于模型的预测不可能准确地与实际相符。因此，需要在预测控制中，通过输出的测量值与模型的预估值进行比较，得出模型的预测误差，再利用模型预测误差来对模型的预测值进行修正。

由于对模型增加了反馈校正的过程，因此预测控制具有了很强的抗扰动和克服系统不确定性的能力，是一种闭环优化控制算法。

③ 滚动优化。预测控制是一种优化控制算法，需要通过某一性能指标的最优化来确定未

来的控制作用。这一性能指标还涉及控制系统未来的行为,它是根据预测模型由未来的控制策略决定的。但预测控制中的优化与通常的离散最优控制算法不同,它不是采用一个不变的全局最优目标,而是采用滚动式的有限时域优化策略,即优化过程不是一次离线完成的,而是反复在线进行的。在每一采样时刻,优化性能指标只应用在从该时刻起到未来有限的时间,而到下一个采样时刻,这一优化时段会同时向前。所以,预测控制不是用一个对全局相同的优化性能指标,而是在每一个时刻都有一个相对于该时刻的局部优化性能指标。

（2）模糊控制

模糊控制全称为模糊逻辑控制,是以模糊集合论、模糊语言变量和模糊逻辑推理为基础的一种计算机数字控制技术。模糊逻辑控制策略最大的特点是不需要准确的数学公式来建立被控对象的精确数学模型,因此可极大简化系统设计和数学建模的复杂性,提高系统建模和仿真控制的效率。不过,模糊控制的设计缺乏系统性,对复杂系统的控制存在一定问题。

模糊控制系统的核心是模糊控制器。模糊控制系统性能的优劣取决于模糊控制器的结构、模糊规则、合成推理算法和模糊决策方法等因素。模糊控制器的一般结构如图 6-13 所示,包括系统输入、模糊化、数据库、规则库、模糊推理、清晰化以及系统输出等。

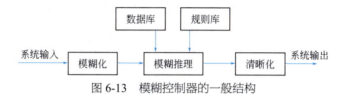

图 6-13　模糊控制器的一般结构

（3）线性二次型最优控制

线性二次型最优控制器也称线性二次型调节器（Linear Quadratic Regulator，LQR）,是应用线性二次型最优控制原理设计的控制器。它的作用是当系统状态因为某种原因导致偏离了平衡点时,在不消耗多余能量的情况下,使系统状态仍然保持在平衡点附近。线性二次型最优控制的控制对象具有线性或可线性化的特点,并且性能指标是状态变量和控制变量的二次型函数的积分。典型的 LQR 结构如图 6-14 所示。

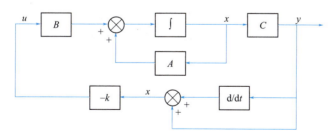

图 6-14　典型的 LQR 结构

（4）滑模控制

滑模控制也叫变结构控制,本质上是一类特殊的非线性控制。该控制策略与其他控制的不同之处在于系统"结构"不固定,可以在动态过程中根据系统当前的状态有目的地不断变化,迫使系统按照预定滑动模态的状态轨迹运动。

由于滑动模态可以进行设计且与对象参数及扰动无关,因此滑模控制具有快速响应、对应参数变化及扰动不灵敏、无须系统在线辨识、物理实现简单等优点。不过，滑模控制也并不是全无缺点的。在实际应用中，当状态轨迹到达滑动模态面后，难以严格沿着滑动模态面向平衡点滑动，而是在其两侧来回穿越地趋近平衡点，这会产生振动，影响正常应用。

（5）神经网络控制

神经网络控制是指应用神经网络技术，对控制系统中难以精确建模的复杂非线性对象进行神经网络模型辨识，神经网络可以作为控制器，可以对参数进行优化设计，可以进行推理，可以进行故障诊断，或者同时兼有以上多种功能。通常神经网络直接用作误差闭环系统的反馈控制器，神经网络控制器首先利用其已有的控制样本进行离线训练，而后以系统误差的均方差为评价函数进行在线学习。神经网络控制器控制原理如图6-15所示。

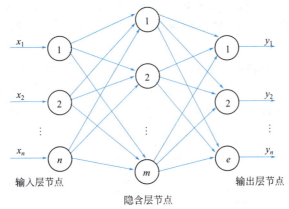

图6-15　神经网络控制器控制原理

神经网络控制就是利用神经网络工具从机理上对人脑进行简单结构模拟的新型控制和辨识方法。神经网络在控制系统中可充当对象的模型，还可充当控制器。常见的神经网络控制结构有：参数估计自适应控制系统、内模控制系统、预测控制系统、模型参考自适应系统、变结构控制系统。

（6）深度学习方法

深度学习方法可以获得深层次的特征表示，免除人工选取特征的繁复冗杂和高维数据的维度灾难等问题，在特征提取与模型拟合方面具有很大优势。由于自动驾驶系统需要尽量减少人的参与，因此深度学习自动学习状态特征的能力，让深度学习在自动驾驶系统的研究中更具优势。

6.4　运动控制认识（横向、纵向）

6.4.1　横向运动控制

（1）横向运动控制的概述

智能网联汽车横向运动控制主要控制航向，通过改变转向盘扭矩或角度的大小等，使汽车按照预期的航向行驶。横向运动控制原理框图如图6-16所示，横向运动控制的基本原理是：转向控制器根据期望轨迹和实车轨迹的偏差，通过算法得到转向盘转角控制量，最终实现车辆沿期望轨迹行驶。

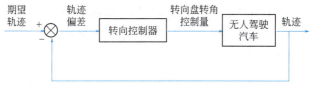

图 6-16 横向运动控制原理图

(2) 横向运动控制的方法

按照智能网联汽车横向运动控制的设计方法不同,可分为基于模型的系统控制方法和无模型的系统控制方法。

① 基于模型的系统控制方法。基于模型的系统控制方法的基础是利用物理定律或系统辨识,建立车辆系统的数学模型。然后根据车辆当前状态和规划的期望行驶路径或运动参数(如速度、加速度、角度等)之间的偏差,求解出与其相对应的控制输入参数(如转向角),进而实现实时控制。该方法依赖于精确的数学模型。当所建模型与车辆的实际行驶特性存在差异时,往往难以获得令人满意的跟踪控制效果。

基于车辆模型的横向控制方法主要包括基于车辆运动学模型的纯跟踪控制算法、后轮反馈控制算法及前轮反馈控制算法,以及基于车辆动力学模型的线性二次型调节器控制算法。

② 无模型的系统控制方法。无模型的系统控制方法的基本思想是将车辆系统作为一个"黑匣子",只利用系统的输入输出信息设计控制器,其控制器结构不依赖于受控对象动力学特性的结构,适用于复杂的非线性系统。该方法不需要车辆动力学的精确模型,利用驾驶员操纵输入与车辆响应输出的直接关系设计控制器,进而实现车辆状态的跟踪控制。但是,该方法在控制稳定性和可优化性方面仍需进一步提升。

无模型的横向控制方法即传统的 PID 控制算法,将车辆当前的路径跟踪偏差作为输入量,对跟踪偏差进行比例、积分和微分控制得到转向控制量。但该算法由于没有考虑车辆本身的特性,因此算法对外界干扰的鲁棒性较差,无法满足车辆在高速行驶过程中的有效控制。

(3) 横向运动控制实现方式

智能网联汽车的横向运动控制系统包括输入、处理、控制和输出四个部分。感知系统感知外部环境信息,利用相关的轨迹规划算法设计出合理的行驶路径,结合获取的车辆动力学参数等车身状态信息,得到当前车辆行驶状况,作为转向控制系统的输入;汽车轨迹跟踪横向控制器结合输入的预期轨迹和车辆本身的状态信息,计算得出相应转向盘转角控制量;主动转向执行控制系统接收上层横向控制器输出的转向盘转角控制信号,控制汽车做转向运动。常见的智能网联汽车横向运动控制系统基本结构图如图 6-17 所示。

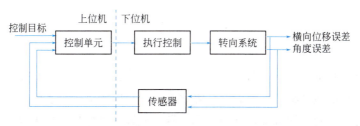

图 6-17 常见的智能网联汽车横向运动控制系统基本结构图

横向运动控制通过设计相应的控制算法来实现智能网联汽车的自动转向功能,主要包括获得理想的自动转向的转向盘转角值,以及执行所获得的转向盘转角命令,控制汽车沿着预期轨迹行驶,实现汽车的自动转向功能。

6.4.2 纵向运动控制

(1)纵向运动控制的概述

智能网联汽车的纵向运动控制主要为速度控制,是指通过对节气门控制器和制动控制器,实现对期望车速的跟踪与控制。采用节气门和制动综合控制器的方法实现对预定速度的跟踪,其控制原理图如图 6-18 所示。

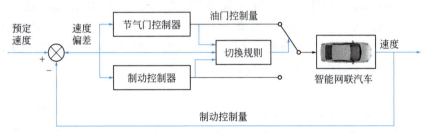

图 6-18 纵向运动控制原理图

纵向运动控制的基本原理是根据预定速度和智能网联汽车实测速度的偏差,通过节气门控制器和制动控制器根据各自的算法分别得到节气门控制量和制动控制量。切换规则根据节气门控制量、速度控制量和速度偏差选择节气门控制还是制动控制。未选择的控制系统回到初始位置,如果按照切换规则选择了节气门控制,则制动控制执行机构将回到初始位置。

(2)纵向运动控制的类型

智能网联汽车纵向控制按照实现方式可分为直接式运动控制和分层式运动控制。

① 直接式运动控制。直接式运动控制是通过纵向控制器直接控制期望制动压力和节气门开度,从而实现对汽车纵向速度的直接控制,该方法能够使汽车实际纵向速度迅速达到期望值,响应速度快,其具体结构如图 6-19 所示。

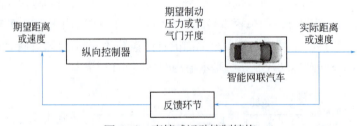

图 6-19 直接式运动控制结构

② 分层式运动控制。由于智能网联汽车纵向动力学模型为复杂多变量非线性系统,且存在较大的参数不确定性及测量不精确性,因此通过单个控制器实现多性能控制较为困难。为了降低纵向控制系统的设计难度,许多研究者基于分层控制结构,根据控制目标的不同,将智能网联汽车纵向控制系统分为上位控制器和下位控制器并分别进行单独设计。上位控制器

用来产生期望车速和期望加速度，下位控制器根据上位控制的期望值产生期望的节气门开度和制动压力，以实现对速度和制动的分层控制，如图 6-20 所示。

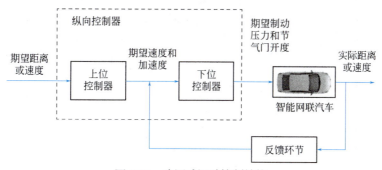

图 6-20　分层式运动控制结构

直接式运动控制考虑了系统的复杂性和非线性等特点，具有集成程度高、模型准确性强的特点，但是其开发难度较高，灵活性较差。分层式运动控制通过协调节气门和制动分层控制，开发相对容易实现。但是分层式运动控制容易忽略参数不确定性、模型误差以及外界干扰等的影响，因此，建模的准确性会受到一定的影响。

（3）纵向运动控制实现方式

纵向运动控制执行是车辆已知前方车辆的位置和速度等信息，结合自身当前运动状态对自身的纵向运动状态进行调整的控制策略、执行步骤以及相应的控制方法的总称。在控制层面分为上层控制和下层控制，上层控制就是在已知前方车辆的速度、加速度，前方车辆和本车的相对距离、本车的速度、加速度等信息的基础上判断本车所需要进入哪一种模式中。下层控制就是在上层决断进入某一种模式之后，采用相应的控制算法对自车的速度、加速度进行调整，使后车与前车保持相对安全的状态。车辆纵向运动控制的流程图如图 6-21 所示。

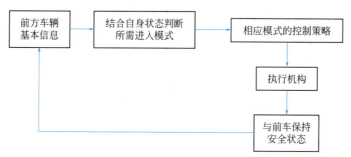

图 6-21　车辆纵向运动控制的流程图

智能网联汽车纵向运动控制策略主要包括设定速度控制、车速控制和间距控制等。设定速度控制一般适用于车流密度较小的高速公路或封闭园区。而在一般城市道路环境下，由于外部环境变化复杂，突发情况较多，需要频繁改变车速，因此需采用车速控制或间距控制策略。如图 6-22 所示为常见的智能网联汽车纵向运动控制逻辑。

① 前方没有车辆，自动驾驶控制器（ECU）按照设定速度控制策略计算预期加速度对节气门/制动器进行控制。

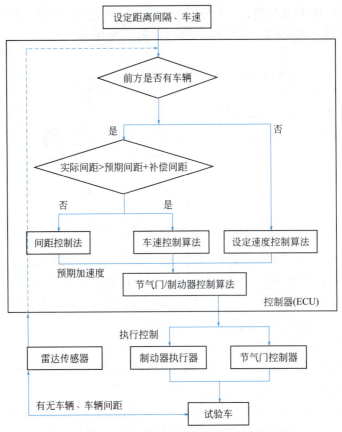

图 6-22 常见的智能网联汽车纵向运动控制逻辑

② 当汽车探测到前方有车辆时，控制器（ECU）根据车辆间距判定转入车速控制策略或是间距控制策略计算预期加速度。如实际间距大于过渡间距（预期间距+补偿间距），则采用车速控制策略；如实际间距小于过渡间距，则采用间距控制策略。节气门/制动器执行器的控制输入由节气门/制动器控制算法确定，从而达到车辆实际加速度与预期加速度尽可能接近的目的。

第 7 章 通信技术

通信技术是智能网联汽车的基础,按通信距离可分为近距离通信技术、中距离通信技术、远距离通信技术以及 CAN 通信技术。

7.1 近距离通信技术

7.1.1 RFID 射频识别技术

(1)概念

RFID(Radio Frequency Identification,射频识别)技术,通过无线射频方式结合数据访问技术,进行非接触双向数据通信,利用无线射频方式通过电磁波对电子标签进行读写,以实现识别目标和数据交换的目的。

(2)组成及工作原理

RFID 技术由读写器和电子标签、应用软件等部分组成,如图 7-1 所示。在 RFID 系统工作时,由读写器在一个大小取决于发射功率的区域内发送射频能量形成电磁场,覆盖区域内的电子标签被触发,发送存储在其中的数据给读写器,或根据读写器的指令修改存储在其中的数据。

RFID 技术依据其电子标签的供电方式可分为无源 RFID、有源 RFID 与半有源 RFID 三类。

① 无源 RFID。无源 RFID 本身不携带电池,因此无法自行激活,必须获取从外部读写器发出的射频信号才能将自身的电子标签进行激活,所以无源 RFID 产品一般适用于近距离的通信,它的通信范围只能在 10m 以内。无源 RFID 产品结构简单,成本故障低,使用寿命长,适用于公交卡、门禁卡、二代身份证等。

② 有源 RFID。有源 RFID 产品本身配有电池,无须使用外部读写器获取射频信号便可自己激活。相对于无源 RFID 产品而言,有源 RFID 产品具有较远距离识别功能,最大识别

范围可超过100m。有源RFID产品常用于物联网系统中,如智慧停车场、智慧交通、智慧农场等。

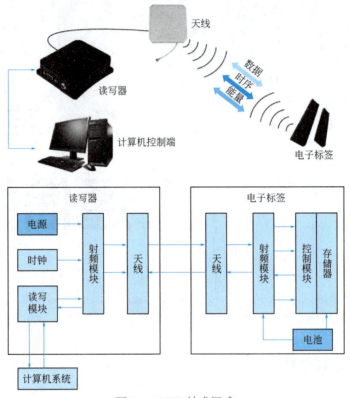

图7-1 RFID技术组成

③ 半有源RFID。半有源RFID产品采用低频率激活技术,有效结合了有源RFID和无源RFID的工作特点。半有源RFID产品只有在它进入低频信号激活范围时才被激活使用,其他时间处于休眠状态或数据上传状态,不会主动向外界发出射频信号。常见的应用有违章摄像头、交通监视器等。

（3）应用

RFID技术在智能制造领域经常被应用,包括仓储管理、过程管理、配送供应链等。通过超高频RFID简便的自动识别技术,实现物物信息的精准和快速识别,帮助后端的生产管理系统进行科学的决策,从而提高企业生产效率,改善组织,缩短生产周期,提高企业的综合竞争力。在汽车领域,RFID技术是构成数字化车间的重要组成部分。

① 冲压、焊接原料管控。在转运冲压、焊接原料件的料架上安装RFID电子标签,在各车间关键节点安装RFID读写器,实现产品和设备的智能通信,重点管控冲压、焊接原料件的生产数量、库存数量和出库数量,实现这些环节的数据流精确统计,就可以为整个生产管理系统的智能调度和科学决策提供数据支撑。在冲压、焊接中应用RFID技术如图7-2所示。

② 涂装管控。在车体滑橇上安装RFID电子标签,在关键位置的滚床上安装RFID天线,对车体进行识别和跟踪。每一个RFID天线称为一个AVI（车辆自动识别）系统站点,负责进行对RFID标签的读写,并将读到的信息通过设备传送到PLC,载码体中记录滑橇上承载的车

体信息，包括车体需要喷涂的颜色、车型、车体批次号和车体序列号等。在汽车涂装中应用 RFID 技术如图 7-3 所示。

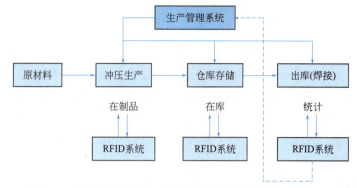

图 7-2　应用 RFID 技术管控冲压、焊接原料件的生产数量、库存量、出库数量

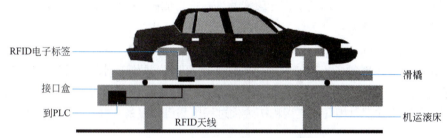

图 7-3　应用 RFID 技术进行汽车涂装管控

③ 汽车总装。在车辆上线之前，工作人员将初始化的 RFID 电子标签安装在车体前部引擎盖上表面。在车辆后续的车架组装、底盘悬挂、动力总成、内外饰整合等工序中，安装 RFID 读写设备，当车身达到相应工位时，自动扫描车身 VIN（车辆识别码），完成生产线车辆监控和数据采集等工作。RFID 电子标签会跟随整个车体的总装全流程，并通过在不同的节点安装 RFID 读取设备，来指导工艺的进行。汽车总装中应用 RFID 技术进行管控如图 7-4 所示。

图 7-4　在汽车总装中应用 RFID 技术进行管控

（4）RFID 通信技术特点

RFID 通信技术具有七大特点：RFID 通信具有超强的抗干扰性；RFID 电子标签具有相对较大的存储空间，最大可扩充至 1MB 以上；可通过编程技术对 RFID 电子标签的数据信息进行动态修改；具有较长的使用寿命；对障碍物的穿透能力较强；可对 RFID 产品设置密码，因

107

此 RFID 通信技术具有较高的安全性；可同时对多个 RFID 产品进行快速扫描及数据信息的读取。

7.1.2 NFC 技术

（1）概念

NFC（Near Field Communication，近场通信）技术，是一种短距高频无线通信技术，允许电子设备之间进行非接触式点对点数据传输（在 10cm 内），交换数据、图片和视频信息。

NFC 技术由非接触式射频识别及互联互通技术整合演变而来，并向下兼容 RFID 技术，工作频率在 13.56MHz，点对点的通信建立时间少于 0.1s，传输速率分别有 106kbit/s、212kbit/s 和 424kbit/s 三种类型。

（2）组成及工作原理

① 组成。NFC 系统主要由 NFC 芯片、NFC 天线组成。

NFC 芯片：具有相互通信功能、计算能力，并具有加密/解密模块（SAM）。

NFC 天线：一种近场耦合天线，耦合方式是线圈磁场耦合。

② 工作原理。NFC 采用主动和被动两种通信模式。如图 7-5 所示，在被动模式下，NFC 通信的发起设备提供射频场，以一种固定的传输速率将数据发送到目标设备。NFC 通信的目标设备不必产生射频场，而使用负载调制技术以相同的速度将数据传回发起设备。因此，发起设备可以在该模式下以相同的连接和初始化过程检测目标设备，并与之建立联系。

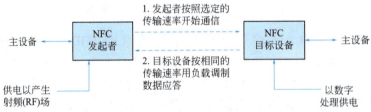

图 7-5　NFC 被动通信模式

如图 7-6 所示，在主动模式下，任一台设备向另一台设备发送数据时，都必须产生自己的射频场，以便进行通信，获得快速的连接设置。

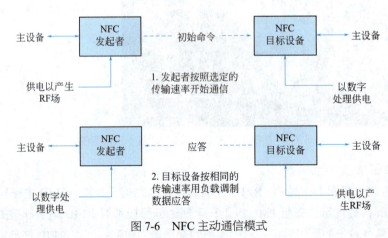

图 7-6　NFC 主动通信模式

（3）NFC 业务应用模式

基于 NFC 技术的业务支持三种工作模式：

① 卡模式。将具有 NFC 功能的设备模拟成一张标签或非接触卡，例如支持 NFC 的手机可以作为门禁卡、银行卡等而被读取。

② 读卡器模式。将具有 NFC 功能的设备作为非接触读卡器使用。比如从海报或者展览信息电子标签上读取相关信息。

③ 点对点模式。即将两个具备 NFC 功能的设备链接，实现点对点数据传输，例如多个具有 NFC 功能的数码相机、手机之间可以利用 NFC 技术进行无线互联，实现虚拟名片或数字相片等数据交换。

（4）NFC 技术与 RFID 技术对比

虽然 NFC 技术与 RFID 技术一样，通过频谱中无线频率部分的电磁感应耦合方式传递，但是两者之间存在很大的区别，主要表现在以下四个方面：

NFC 技术是一种轻松、安全、迅速的无线通信连接技术，其传输范围比 RFID 技术的米级以上的传输范围要小，具有距离近、带宽高和能耗低等特点。

NFC 技术与现有非接触智能卡技术兼容，已经成为越来越多主要厂商支持的正式标准。

NFC 技术是一种近距离连接协议，提供各种设备间轻松、安全、迅速而自动的通信。

RFID 技术更多地被应用在生产、物流、跟踪和资产管理上，而 NFC 在门禁、公交、手机支付等领域内发挥着巨大的作用。

RFID 技术的缺点是通信成本偏高、涉及隐私泄露问题，面对金属物体和处于有水环境中时易受到干扰，暂时没有统一的行业标准规范。

（5）应用

NFC 技术可以提高汽车使用的易用性和功能性，可以将智能手机作为汽车的智能钥匙用于解锁打开车门和关闭车门。

2019 年 12 月，华为钱包与比亚迪 Dilink 联合发布基于 NFC 的智能"手机车钥匙"，实现解锁和上锁等一系列动作，为用户提供更便捷智能的数字车生活。2020 年 3 月，小米手机也与比亚迪 Dilink 联合发布了"手机 NFC 车钥匙"功能，如图 7-7 所示。还可以读取车辆的状态数据，将在比亚迪宋 Pro 和秦 Pro 的部分车型上搭载。用户需要通过比亚迪云服务 App 申请开通绑定使用。NFC 技术实现时，设备必须靠得很近，提供了天然的使用安全性，也可以通过加密和解密系统提高设备之间的通信安全性。

通过云服务 App 授权分发手机 NFC 车钥匙（每辆秦 Pro 超越版支持多个手机 NFC 车钥匙），输入主手机收到的验证码，在需要注册的手机上登录云服务 App 账号，按开通步骤来注册手机 NFC 车钥匙即可。同时可以将钥匙分享给家人使用。

① 闭锁车门。整车电源挡位处于"OFF"挡/远程启动状态/蓝牙启动状态/遥控启动状态，车门关闭且未锁止，将手机背面顶部靠近左前外后视镜上指令区域，所有车门同时闭锁。

② 解锁车门。在防盗状态下/远程启动状态/蓝牙启动状态/遥控启动状态，将手机背面顶部靠近左前外后视镜上指令区域，所有车门同时解锁。解锁车门后，10min 内允许启动车辆，若超时未启动车辆，需再次刷卡。

由于手机 NCF 功能可以在手机息屏、电量少/没电的状态下使用，并且不依赖于网络信号，所以相比其他方式解锁受限更少。

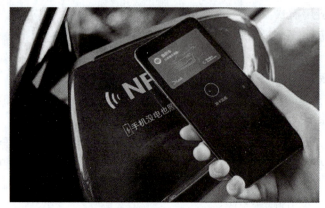

图 7-7 比亚迪刷手机解锁车辆（NFC 功能应用）

7.1.3 WiFi 技术

（1）概念

WiFi 是 Wireless Fidelity 的英文缩写，WiFi 技术是一种创建于 IEEE 802.11 标准的无线局域网技术，已经应用于笔记本计算机、手机和汽车等广大领域中。

IEEE 802.11 标准是全球目前无线局域网的通用标准。最早的 IEEE 802.11 标准发表于 1997 年，标准中定义了 WLAN 的 MAC 层和物理地址标准。MAC 为媒介访问控制，MAC 地址又称局域网地址或以太网地址。MAC 地址是出厂时设定好的，不可以自行进行修改，另外它具有唯一性的特点。目前常用的版本为 IEEE 802.11n、IEEE 802.11p、IEEE 802.11ac，而 IEEE 802.11p 是车用电子的无线通信标准。

WiFi 通信的必要条件是无线路由器和具有无线网卡的硬件设备。WiFi 通信技术的优势在于：无线电波覆盖范围较广，在室内最远覆盖距离可达 100m 左右，室外最远覆盖距离为 400m 左右；传输速率较高；无线数据传播模式。WiFi 通信技术也存在一定的缺点：安全性较低、易受干扰、功耗较高、组网能力低。

（2）组成及工作原理

WiFi 技术的组成元件包括 STA（Station，站点）、AP（Access Point，接入点）、BSS（Basic Service Set，基本服务集）、SSID（Service Set Identifier，服务集识别码）、DS（Distribution System，分布式系统）、ESS（Extended Service Set，扩展服务集）、Portal（门桥），WiFi 网络组成元件之间的关系如图 7-8 所示。

站点是指具有 WiFi 通信功能的，而且连接到无线网络中的终端设备，如手机、平板电脑和笔记本计算机等。

接入点也称为基站，是常说的 WiFi 热点，相当于一个转发器，将互联网上的数据转发给接入设备。

基本服务集是网络最基本的服务单元，可以由一个接入点和若干个网站组成，也可以由若干个网站组成。

服务集识别码是指 WiFi 账号，通过接入点广播。

分布式系统也称为传输系统，通过基站将多个基本服务集连接起来。当帧传输至分布式系统时，随即被送至正确的基站，而后由基站转送至目的站点。

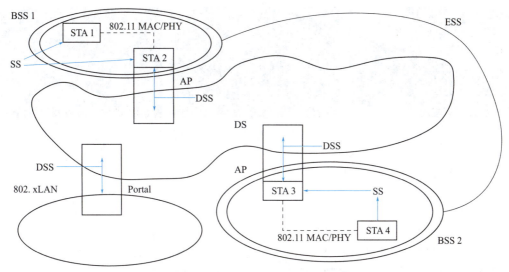

图 7-8 WiFi 网络组成元件之间的关系

扩展服务集由一个或者多个基本服务集通过分布式系统串联在一起构成，可扩展无线网络的覆盖范围。

门桥的作用就相当于网桥，用于将无线局域网和有线局域网或者其他网络联系起来。

WiFi 的工作模式主要有 STA 模式、AccessPoint 模式、Monitor 模式、Ad-Hoc（IBSS）模式、WDS 模式、Mesh 模式。以 STA 模式为例：可以供任何一种无线网卡使用，这种模式可以称为默认模式。在此模式下，无线网卡发送链接与认证消息给热点，热点接收到完成认证后，发回成功认证消息，而后此网卡接入无线网络。

（3）WiFi 技术的应用

WiFi 技术应用于智能网联汽车，可快速搭建移动热点，在不依赖于移动蜂窝网络的状态下实现网络连接，体验无线上网，如图 7-9 所示。

图 7-9 车载 WiFi 系统

上汽荣威 RX3 搭载阿里巴巴斑马智行系统 2.0，车内自带 4G 网络。斑马智行车载互联网系统（图 7-10）可与手机良好地互动，下载 App 后可以实现车辆定位、远程控制、充电管理、车辆保养、驾驶习惯、救援服务、车钱包等功能。导航、系统更新等都是免费的，但娱乐功能诸如虾米音乐、喜马拉雅 FM 是需要付费的。

图 7-10　荣威斑马智行车载互联网系统

7.1.4　蓝牙技术

（1）概念

蓝牙（Bluetooth）技术是一种支持移动电话、掌上电脑、无线耳机、智能汽车以及相关外围设备等不必借助电缆就能联网，组成一个巨大的无线通信网络进行短距离通信的技术。利用蓝牙技术能够有效地简化移动通信终端设备之间的通信，也能够简化设备与因特网之间的通信，从而使数据传输变得更加迅速高效，为无线通信拓宽道路。

蓝牙技术由爱立信、诺基亚、东芝、IBM 和英特尔 5 家著名公司于 1998 年 5 月联合研究发布。蓝牙 5.0 标准是由蓝牙技术联盟在 2016 年提出的。蓝牙 5.0 在低功耗模式下具备更快更远的传输能力，传输速率是蓝牙 4.2（2014 年）的 2 倍（速度上限为 2Mbit/s），有效传输距离是蓝牙 4.2 的 4 倍（理论上可达 300m），数据包容量是蓝牙 4.2 的 8 倍，而且支持室内定位导航功能，结合 WiFi 技术可以实现精度小于 1m 的室内定位。蓝牙的优点在于：功耗低、延时低，具有较高的安全性，有效范围内可无视障碍物进行连接。蓝牙的缺点在于：传输距离较短（0.1～10m），传输速率不高。

（2）组成及工作原理

蓝牙由底层硬件模块、中间协议层和高层应用三大部分构成。

① 底层硬件模块。底层硬件模块由基带、跳频和链路控制单元组成。基带用于完成蓝牙数据和跳频的传输；无线跳频层是不需要授权的通过 2.4GHz ISM 频段的微波，实现数据流传输和过滤；链路控制单元用于实现链路建立、连接和拆除的安全控制。

② 中间协议层。主要包括服务发现协议、逻辑链路控制和适应协议、电话通信协议、串口仿真协议四个部分。服务发现协议层提供上层应用程序一种机制，以便于使用网络中的服务；逻辑链路控制和适应协议负责数据拆装、复用协议和控制服务质量，是其他协议层作用实现的基础。

③ 高层应用。位于协议层最上部的框架部分，主要有文件传输、网络连接、局域网访问，通过相应的应用程序在一定的应用模式下实现无线通信。

当蓝牙设备之间想要相互交流时，首先进行配对创建网络环境，一台设备作为主设备，所有其他设备作为从设备。配对搜索称为短程临时网络模式，也被称为微微网。微微网在蓝牙设备加入和离开无线电短程传感时动态、自动建立。

（3）应用

蓝牙技术的应用主要有车载蓝牙电话、车载蓝牙音响、车载蓝牙后视镜、汽车虚拟钥匙，还可用于获取车辆信息（胎压、续驶、位置等）、监测人体状态（血压、脉搏、酒精监测等）并与车辆信息交互等。

① 车载蓝牙电话。车载蓝牙电话专为行车安全和舒适性而设计，主要功能包括：自动辨识移动电话，不需要电缆或电话托架便可与手机联机；使用者不需要触碰手机便可控制手机，用语音指令控制接听或拨打电话；使用者可以通过车上的音响或蓝牙无线耳麦进行通话。

车载蓝牙电话如图 7-11 所示，可以保证良好的通话效果，并支持所有厂家生产的内置蓝牙模块的手机。若选择通过车上的音响进行通话，当有来电或拨打电话时，车上的音响会自动静音，通过音响的扬声器／麦克风进行语音传输；若选择蓝牙无线耳麦进行通话，只要耳麦处于开机状态，当有来电时按下接听按钮就可以实现通话。

② 车载蓝牙音响。车载蓝牙音响是一种基于稳定的、高度通用的蓝牙技术为基础的无线有源音箱，内设锂电池，可以随时充电，使用方便快捷，如图 7-12 所示。具有体积小巧，可牢牢固定在车内某一合理位置的优点。

图 7-11　车载蓝牙电话

图 7-12　车载蓝牙音响

③ 车载蓝牙后视镜。车载蓝牙后视镜可通过蓝牙技术与手机相连，手机来电话时，后视镜显示来电信息，还可集成免提通话功能，如图 7-13 所示。

图 7-13　车载蓝牙后视镜

④ 车载蓝牙导航。车载蓝牙导航，具备蓝牙功能的车载 GPS，能为驾驶员提供定位导航，还能作为蓝牙耳机，实现免提接听。极大地方便了驾驶员，也大大加强了驾驶员行车途中接打电话的安全性；还可以传送图片和文件，充分支持用户的各种需求，如图 7-14 所示。

图 7-14　车载蓝牙导航

⑤ 汽车虚拟钥匙。汽车虚拟钥匙能够通过蓝牙连接，让汽车与智能手机或智能手表互连，实现汽车解锁及获取汽车信息，如图 7-15 所示。

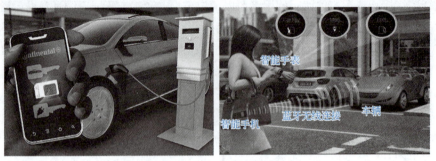

图 7-15　汽车虚拟钥匙

当驾驶员靠近汽车时（几米范围内），手机 App 通过蓝牙与汽车连接，能够实现汽车解锁及获取汽车信息。

当驾驶员远离汽车时，可以用手机 App 通过移动网络获取车辆信息，如胎压、预估续航里程、车辆位置、离车辆保养剩余里程等，如图 7-16 所示。软件会提示虚拟钥匙超出范围，此时手机 App 无法对汽车解锁。

图 7-16　利用手机 App 获取车辆信息（基于蓝牙通信技术）

手机 App 虚拟钥匙共享功能可自动识别手机通信录中安装了相同 App 的人。车主可以通过简单操作把汽车虚拟钥匙转交给相应的联系人；甚至可以设定虚拟钥匙的作用时间，让虚拟钥匙在指定时间内才是有效的，过期的虚拟钥匙将无法对汽车进行任何操作。手机 App 虚拟钥匙共享程序如图 7-17 所示。

汽车虚拟钥匙技术的共享功能使借车过程极大地简化，只要双方手机中都安装了相同的手机 App 就能够实现虚拟钥匙的移交，给用户带来了极大的便利。蓝牙这种短距离通信技术从一定程度上又拉近了人与车的距离，只有携带虚拟钥匙的人靠近车辆时才能对汽车进行解锁操作，一定程度上增强了该技术的安全性。

智能蓝牙连接技术将在车辆与可穿戴技术连接的实现过程中发挥至关重要的作用，包括实现监测驾驶员疲劳驾驶，血液中酒精含量以及血糖水平、血压、心率等生物计量指标的连接，从而触发警告，提高驾驶安全性。智能手表、血压计、脉搏监测仪、酒精监测仪或血糖监测仪等将成为与车辆连接的可穿戴设备。

图 7-17　手机 App 虚拟钥匙共享程序

汽车钥匙经历了从传统机械钥匙、电子钥匙（PEPS 无钥匙进入及启动系统）到现在兴起的手机虚拟钥匙。2017 年新能源电动汽车品牌特斯拉推出 Model 3 车型，该车型就配备了基于手机 App 的虚拟汽车钥匙。车主不需要携带实物钥匙，只需要使用配置过的手机就可以实现汽车的解锁、启动、锁车等。

7.2 中距离通信技术

7.2.1　DSRC（专用短程通信技术）

（1）概念

DSRC（Dedicated Short Range Communication，专用短程通信）技术是一种高效的短程无线通信技术，它可以实现在特定小区域内对高速运动下的移动目标的识别和双向通信，例如车辆与车辆（V2V）、车辆与基础设施（V2I）双向通信，实时传输图像、语音和数据信息，将车辆和道路有机连接。

与 WiFi、蓝牙等其他通信技术采用的共享开放 2.4GHz 频带不同，DSRC 技术专属的交通安全频谱为 1999 年美国联邦通信委员会（FCC）分配给汽车通信使用的 5.9GHz 频带的一段 75MHz 的频谱，它被分为 7 个频道，目标的通信范围可达 1km 内。如图 7-18 所示，每辆车都会在信道（CH）172 中，以 10～20 次 /s 的频率，交互 DSRC 基础安全信息。紧急信息则会在信道 184 中，以更高的优先级进行传播。每一条基础安全信息都包含两部分信息：第一部分信息是强制性信息，包括位置、速度、方向、角度、加速度、制动系统状态和车辆尺寸；第二部分是可选信息，例如防抱死制动系统状态、历史路径、传感器数据和转向盘状态等。

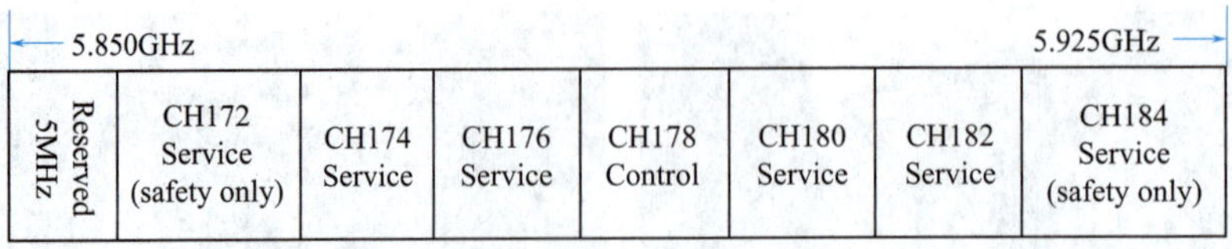

图 7-18 DSRC 技术频道的划分

DSRC 通信系统的参考架构如图 7-19 所示。车辆与车辆之间，以及车辆与路侧基础设施之间，通过 DSRC 进行信息交互。

图 7-19 DSRC 通信系统的参考架构

DSRC 通信系统包含物理层、媒体访问控制层（MAC）、网络层和应用层。

① 物理层。物理层是建立、保持和释放专用短程通信网络数据传输通路的物理连接的层，位于协议栈的最底层。

② 媒体访问控制层。媒体访问控制层是提供短程通信网络节点寻址及接入共享通信媒体的控制方式的层，位于物理层之上。

③ 网络层。网络层是实现网络拓扑控制、数据路由，以及设备的数据传送和应用的通信服务手段的层，位于媒体访问控制层之上。

④ 应用层。应用层是向用户提供各类应用及服务手段的层，位于网络层之上。

车载单元的媒体访问控制层和物理层负责处理车辆与车辆之间，车辆与路侧基础设施之间的专用短程无线通信连接的建立、维护和信息传输；应用层和网络层负责把各种服务和应用信息传递到路侧基础设施及车载单元上，并通过车载子系统与用户进行交互；管理和安全功能覆盖专用短程通信整个框架。

（2）DSRC 通信系统的组成

DSRC 通信系统主要由车载单元（OBU）、路侧单元（RSU）、DSRC 协议以及后台计算机网络组成，如图 7-20 所示。路侧单元通过有线光纤的方式连入互联网。车与车之间的信息交换通过 RSU 和 OBU 之间通信实现，车载信息技术业务通过 802.11p+RSU 回程的方式实现。由图 7-20 可知，DSRC 架构中需要部署大量的 RSU 单元才能较好地满足业务需要，因此，建设成本较高。

（3）DSRC 通信技术的应用

① 实现 V2X 通信。DSRC 技术在智能网联汽车上可实现 V2X 通信。DSRC 的有效通信距离为数百米，车辆通过 DSRC 以 10 次 /s 的频率，向路上其他车辆发送位置、速度、方向等信息；当车辆接收到其他车辆所发出的信号，在必要时（例如马路转角有其他车辆驶出，或前方车辆紧急制动、变换车道）车内装置会以闪烁信号、语音提醒或座椅和转向盘振动等方式提醒驾驶员注意，如图 7-21 所示。

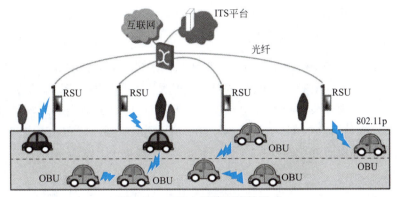

图 7-20　DSRC 通信系统的组成

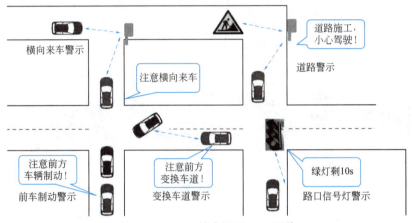

图 7-21　DSRC 技术用于 V2X 通信

② 不停车收费系统（ETC）。DSRC 专用短程通信是智能运输系统（ITS）领域中专门用于机动车辆在高速公路等收费点实现不停车收费的技术，如图 7-22 所示。

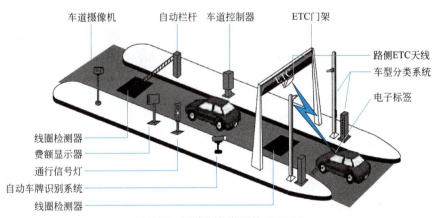

图 7-22　不停车收费系统（ETC）

③ 电子地图的下载和交通调度。除了已经比较成熟的 ETC 系统外，基于车 - 路通信的 DSRC 应用还可以用于电子地图的下载和交通调度等。路边的 RSU 接入后备网络与当地的交通信息网或因特网相连，通过 OBU 与 RSU 的通信来获得电子地图和路况信息等，从而可以选择最优路线，能够缓解交通拥堵等。

7.2.2 LTE-V 通信技术

（1）LTE-V 通信技术的概念

LTE-V（Long Term Evolution-Vehicle，车辆长期演进）通信技术是我国具有自主知识产权的中短距离通信技术，在车辆与车辆（V2V）、车辆与基础设施（V2I）、车辆与行人（V2P）之间组网，构建数据共享交互桥梁，助力实现智能化的动态信息服务、车辆安全驾驶、交通管控等。我国在国际化标准 LTE-V 技术中具有一定话语权。国内厂商大唐电信、华为等企业为 3GPP LTE-V 标准化研究工作的主导方。我国正在积极推进 LTE-V 技术，未来有望成为我国车联网标准。

LTE-V 标准协议架构由三部分组成，包括物理层、数据链路层、应用层，如图 7-23 所示。物理层是 LTE-V 系统的底层协议，主要提供帧传输控制服务和信道的激活、失效服务，收发定时及同步功能。数据链路层负责信息的可靠传输，提供差错和流量控制，对上层提供无差错的链路链接。应用层基于数据链路层提供的服务，实现通信初始化和释放程序、广播服务、远程应用等相关操作。

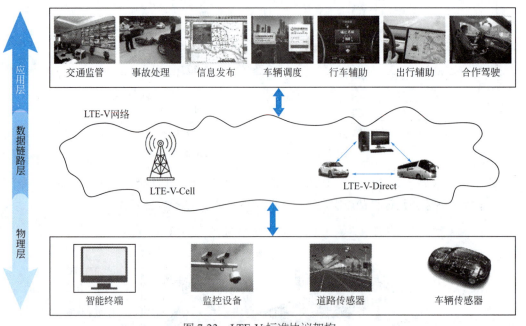

图 7-23　LTE-V 标准协议架构

LTE-V 可以重复使用现有的蜂巢式基础建设与频谱，营运商不需要重新进行基础设施建设和提供专用频谱，组网成本大幅降低，主要解决交通实体之间的"共享传感"（Sensor Sharing）问题，可将车载探测系统（如雷达、摄像头）视距范围从数十米扩展到数百米以上甚至可达非视距范围，实现在相对简单的交通场景下的辅助驾驶。

（2）LTE-V 通信技术分类及工作模式

LTE-V 通信技术包括集中式（LTE-V-Cell）和分布式（LTE-V-Direct）两种，如图 7-24 所示。其中，LTE-V-Cell 需要基站作为控制中心，实现大带宽、大覆盖通信，定义车辆与路侧通信单元以及基站设备的通信方式；LTE-V-Direct 则无须基站作为支撑，可直接实现车辆与周边环境节点低时延、高可靠通信。LTE-V-Cell 的传输带宽最高可扩展至 100MHz，峰值传输速率上行 500Mbit/s，下行 1Gbit/s，用户面时延≤10ms，控制面时延≤50ms，支持车速 500km/h，在 5G 时代演进成 C-V2X 技术，主要由电信企业推动。

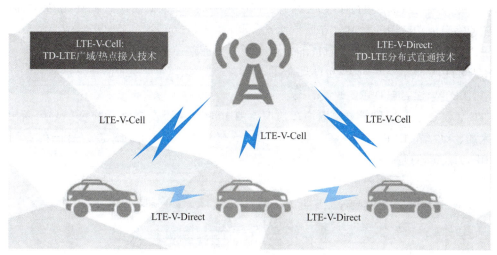

图 7-24　LTE-V 通信技术分类

LTE-V 通信技术分为 Uu 和 PC5 两种模式。其中，Uu 为"接入网终端"通信模式，通过基站进行终端之间的通信；PC5 为"用户终端 - 用户终端"空口短距直传通信模式，不需要通过基站即可完成终端之间的通信。PC5 采用车联网专用频段（如 5.9GHz），实现车车、车路、车人之间直接通信，时延较低，支持的移动速度较高，但需要有良好的资源配置及拥塞控制算法。

值得一提的是，在短程直通链路式通信模式下，车辆之间的信息交互基于广播方式，可采用终端直通模式，也可经由 RSU 来进行交互，大大减少了 RSU 单元需要的数量。

（3）应用

LTE-V 技术可应用于交叉路口的会车避让、紧急车辆优先通行、前方车辆的紧急制动告警以及多车的编队自动驾驶，如图 7-25 所示。

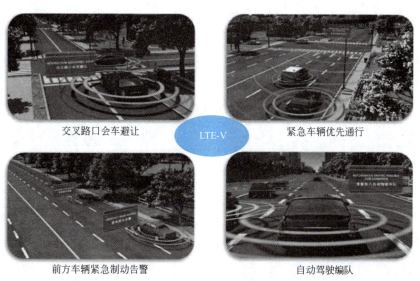

图 7-25　LTE-V 技术应用

2018年9月15~18日在无锡召开的世界物联网博览会上，奥迪、大众、一汽、东风、长安、上汽等汽车厂商，采用搭载华为LTE-V（基于移动通信技术演进形成的车联网无线通信技术）车载终端的汽车，进行了V2X智慧交通场景演示。华为LTE-V车载终端成为国内首个在开放道路上成功应用的LTE-V车联网终端，通过集成千寻位置的亚米级定位服务及融合惯导算法，为汽车提供了车道级的定位能力。

华为LTE-V通信终端包括OBU和RSU两大部分硬件，如图7-26所示。

（4）LET-V通信与DSRC通信的比较

LTE-V是基于LTE的智能网联汽车协议，由3GPP主导制定规范，主要参与厂商包括华为、大唐、LG等；DSRC主要基于IEEE 802.11p与IEEE 1609系列标准，是一种专门用于V2V和V2I之间的通信标准，主要由美国、日本主导。

(a) OBU   (b) RSU

图7-26 华为LTE-V通信终端

LTE-V技术和DSRC技术均需要路侧单元RSU，但两种技术下RSU承载的能力不尽相同。两种技术中，RSU均会为车辆提供道路相关的信息，如红绿灯、限速等，并在V2I的模式下将这些信息发给车辆。不同点在V2V模式下的信息交互：在DSRC技术下，V2V的信息交流必须通过RSU，因此RSU个数需求量很大；在LTE-V的短程直通链路式通信模式下，车辆之间的信息交互基于广播方式，可采用终端直通模式，也可经由RSU来进行交互，因此RSU单元需求的数量很小。

与DSRC相比，LTE-V技术可以通过扩大汽车通信距离，给驾驶员更长的反应时间，这对于超车这一类的应用非常关键。LTE-V技术与DSRC技术的比较见表7-1。

表7-1 LTE-V技术与DSRC技术的比较

性能与特点	DSRC技术	LTE-V技术
支持车速	200km/h	500km/h
带宽	75MHz	可扩展至100MHz
传输速率	3~27Mbit/s，平均12Mbit/s	峰值速率上行500Mbit/s，下行1Gbit/s
通信距离	240m，容易被建筑遮挡，受RSU密度影响	约为440m
IP接入方式	部署RSU作为网关	通过蜂窝基站接入，基站集中调度；业务连续性好，调度效率高

续表

性能与特点	DSRC 技术	LTE-V 技术
低延时安全业务（前车防撞预警、盲区预警等）	采用 IEEE 802.11p 协议	LTE 直通技术解决
优势	① 成熟度高，NXP 等芯片商和大量汽车厂商已经接近商用产品 ② V2V 应用场景较为成熟	① 采用蜂窝技术，可管控 ② 充分利用基础设施，V2I 实施有优势 ③ 移动性好，安全性高 ④ 可平滑演进至 5G ⑤ 电信产业（系统、芯片和运营商）支持
劣势	① CSMA/CA 机制存在隐藏节点、数据竞争碰撞问题 ② 5.9GHz 频段穿透性、传输距离受限，且由于干扰原因，在我国商用可能受阻 ③ 后续演进路线不明 ④ V2I 场景技术实施难度大	① 尚未成熟 ② 跨部门协调难度大

7.3 远距离通信技术

7.3.1 卫星通信技术

（1）概念

卫星通信技术是一种利用人造地球卫星作为中继站来转发无线电波而进行的两个或多个地面站之间的通信。地面站是指在地球表面（包括地面、海洋和大气中）的无线电通信站。

卫星通信是在地面微波中继通信和空间技术的基础上发展起来的，通信卫星的作用相当于离地面很高的微波中继站。

（2）组成

卫星通信系统由通信卫星和该卫星连通的地球站两部分组成。通信卫星是目前全球卫星通信系统中最常用的星体。将一个通信卫星发射到赤道上空 35860km 的高度上，使卫星运转方向与地球自转方向一致，并使卫星的运转周期正好等于地球的自转周期（24h），从而使卫星与地球始终保持同步运行状态，该通信卫星也称为同步卫星。通信卫星天线波束最大覆盖面可以达到大于地球表面总面积的三分之一。因此，在静止轨道上，只要等间隔地放置三颗通信卫星，其天线波束就能基本上覆盖整个地球（除两极地区外），实现全球范围的通信。当前使用的国际通信卫星系统，就是按照上述原理建立起来的，三颗卫星分别位于大西洋、太平洋和印度洋上空。

（3）优势和不足

卫星通信是现代通信技术的重要成果。与电缆通信、微波中继通信、光纤通信、移动通信等通信方式相比，卫星通信具有下列优势：

① 卫星通信覆盖区域大，通信距离远。卫星通信是远距离越洋电话和电视广播的主要手段。

② 卫星通信具有多址连接功能。卫星所覆盖区域内的所有地球站都能利用同一卫星进行相互间的通信，即多址连接。

③ 卫星通信传输频段宽，容量大。卫星通信采用微波频段，每个卫星上可设置多个转发器，故通信容量很大。

④ 卫星通信机动灵活。地球站的建立不受地理条件的限制，可建在边远地区、岛屿、汽车、飞机和舰艇上。

⑤ 卫星通信质量好，可靠性高。卫星通信的电波主要在自由空间传播，噪声小，传输损耗小，电波传播稳定，通信质量好。就可靠性而言，卫星通信的正常运转率达 99.8% 以上。不受通信两点间的各种自然环境和人为因素的影响，即便是在发生磁爆或核爆的情况下，也能维持正常通信。

⑥ 卫星通信的成本与距离无关。地面微波中继系统或电缆载波系统的建设投资和维护费用都随距离的增加而增加，而卫星通信的地球站至卫星转发器之间并不需要线路投资，因此，其成本与距离无关。

但卫星通信也有不足之处，主要表现在：

① 传输时延大。传输时延大是卫星传输的主要缺点。在地球同步卫星通信系统中，星站之间的单程（地球站→卫星→地球站）传输时延约为 0.27s，进行双向通信时，往返的传输时延为 0.54s。

② 有回声效应。在卫星通信中，由于电波来回传播需 0.54s，因此产生了讲话之后的回声效应。为了消除这一干扰，卫星电话通信系统中增加了一些设备，专门用于消除或抑制回声干扰。

③ 存在通信盲区。把地球同步卫星作为通信卫星时，由于地球两极附近区域"看不见"卫星，因此不能利用地球同步卫星实现对地球两极的通信。

④ 存在日凌中断、星蚀和雨衰现象。

（4）应用

在智能交通系统中，卫星通信技术主要应用于全球卫星定位系统 GPS 导航、车辆定位、车辆跟踪及交通管理，向驾驶员提供出行线路的规划和导航、信息查询以及紧急援助等，如图 7-27 和图 7-28 所示。

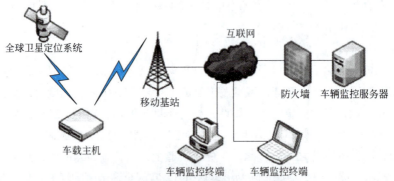

图 7-27　智能交通系统中的卫星通信技术

图 7-28　车载 GPS 导航和定位

7.3.2 5G 移动通信技术

7.3.2.1 概述

5G 移动通信技术即第五代移动通信技术（5th Generation Mobile Communication Technology，5G）是具有高速率、低时延和大连接特点的新一代蜂窝移动通信技术，是实现人机物互联的网络基础设施。5G 网络能够实现延迟低于 1ms，峰值传输速率高达 10Gbit/s。

移动通信历经 1G、2G、3G、4G、5G 的发展，每一次技术进步都极大促进产业升级。其中 2G、3G、4G、5G 技术对比见表 7-2。

目前，国家层面正大力进行基础设施建设。2020 年 3 月，工信部发布《关于推动 5G 加快发展的通知》，提出要促进"5G+ 车联网"协同发展，明确将车联网纳入国家新型信息基础设施建设工程，促进 LTE-V2X 规模部署。

表 7-2 2G、3G、4G、5G 技术对比

技术	传输速率	关键技术	技术标准	应用场景	车辆应用
2G	64kbit/s	CDMA、TDMA	GSM、TDMA、CDMA	通话、短信	远程救援、紧急通知、被盗服务
3G	2Mbit/s	多址技术、Raka 接收技术、Turbo 编码及 RS 卷积联码等	WCDMA、CDMA2000、TD-SCDMA、WiMAX	通话、短信、互联网接入	3D 导航、实时路况提醒、车辆位置监控
4G	100Mbit/s~1Gbit/s	OFDM、SC-FDMA、MIMO	LTE、TD-LTE、FDD-LTE	通话、短信、互联网接入、视频	更精准的导航、车内视频通话、车内娱乐系统
5G	1~10Gbit/s	毫米波、大规模 MIMO-NOMA、OFDMA、SC-FDMA、FBMC、全双工技术等	未形成共识	通话、短信、互联网接入、超高清视频、物联网	车联网、自动驾驶

由于需求多样化，因此需要网络多样化。因为网络多样化，所以需要切片。所谓切片，简单来说就是把一张物理上的网络，按应用场景划分为 N 张逻辑网络，不同的网络服务于不同的场景，如图 7-29 所示，5G 移动通信技术的供应商将覆盖的服务区域划分为许多蜂窝小地理区域，以数字信号的方式传输声音和图像等其他数据。5G 设备通过无线电波与蜂窝中的本地天线阵和低功率自动收发器进行通信。当用户从一个蜂窝穿越到另一个蜂窝时，移动设备将自动"切换"到新的蜂窝中。

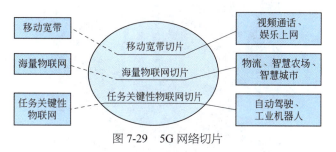

图 7-29 5G 网络切片

7.3.2.2 组成及特点

在 5G 网络中，接入网由集中单元（Centralized Unit，CU）、分布单元（Distributed Unit，DU）和有源天线单元（Active Antenna Unit，AAU）三个部分组成。5G 与 4G 网络的组成对比，如图 7-30 所示。

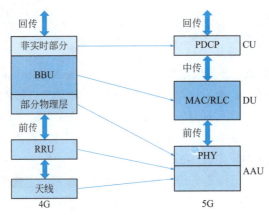

图 7-30　5G 与 4G 网络的组成对比图

CU 是由 4G 网络基站中负责信号调制的 BBU（基带单元）的非实时部分分割构成的，负责处理非实时协议和服务。

AAU 是由 4G 网络基站中负责信号调制的 BBU 的部分物理层处理功能与负责射频处理的 RRU（射频拉远单元）及无源天线合并构成的。

DU 是由 4G 网络基站中负责信号调制的 BBU 的剩余功能重新定义构成的，负责处理物理层协议和实时服务。

5G 通信技术正朝着网络多元化、宽带化、综合化和智能化的方向发展，具有高数据速率、超低延迟、节省能源、降低成本、高系统容量和允许大规模设备连接的特点。

7.3.2.3　5G 支持的智能网联汽车应用案例

（1）5G 无人驾驶巴士

2019 年 1 月 21 日，第一台 5G 无人驾驶巴士在重庆投入测试，如图 7-31 所示。该巴士凭借 5G 网络、车载计算机人工智能算法等新技术支撑，实现了真正的无人驾驶状态。该无人驾驶巴士为纯电动行驶，能在无人操作的情况下自主进行避让行人、车辆检测、加减速、紧急停车、障碍绕行、变道、自动按站停靠、转弯灯开闭等操作。该车最多可容纳 12 人，最大速度为 20km/h。

图 7-31　5G 无人驾驶小巴士

5G 无人驾驶巴士由汽车大脑、避障单元、交通监测单元、定位单元、路径规划单元、操作面板、远程通信单元、驱动反馈单元组成，如图 7-32 所示。

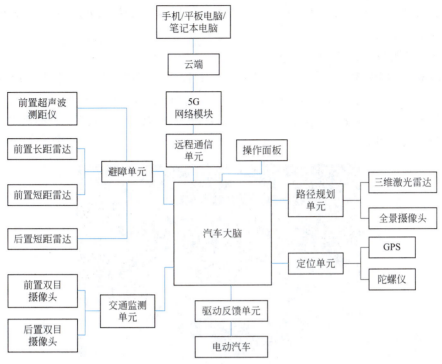

图 7-32　5G 无人驾驶巴士的组成

① 汽车大脑。汽车大脑作为汽车无人驾驶系统的核心部件，与避障单元、交通监测单元、定位单元、路径规划单元、操作面板、远程通信单元、驱动反馈单元通过总线相连，进行数据通信。

汽车大脑预先存储汽车外形三维模型、汽车配置参数，将交通线、交通标志、交警指挥手势等数据信息建立模型库。

② 避障单元。避障单元通过前置超声波测距仪（超声波雷达）、前置长距雷达（毫米波雷达）、前置短距雷达、后置短距雷达的数据，感知汽车周围物体，通过汽车大脑运算出物体的位置、速度。

③ 交通监测单元。交通监测单元通过前置双目摄像头和后置双目摄像头识别汽车前方和后方的交通线、交通标志、交警指挥手势以及非结构化路面状况，并实时传输至汽车大脑。

④ 定位单元。定位单元将 GPS 和陀螺仪的数据进行融合，确定汽车在运行过程中的准确位置，实时将汽车坐标传递至汽车大脑，由汽车大脑计算出汽车的运行方向、速度、加速度，评价汽车运行状况。

⑤ 路径规划单元。路径规划单元采集全景摄像头和三维激光雷达数据，进行同时定位与地图构建，进一步修正定位单元的汽车坐标；同时根据避障单元和交通监测单元数据做出局部路径规划，将指令传至汽车大脑。

⑥ 操作面板。操作面板用于无人驾驶电动巴士的各种操作设定和重要信息的显示。

⑦ 远程通信单元。远程通信单元通过 5G 网络模块与云端进行数据通信，将汽车坐标以及交通监测单元采集的前置双目摄像头和后置双目摄像头的视频信息，定期传输至云端，手机/电脑可访问云端，掌握汽车安全状况。

⑧ 驱动反馈单元。驱动反馈单元根据汽车大脑的路径规划指令，控制汽车进行前进、后

退、加速、减速、左转、右转和制动,同时将前进、后退、加速、减速、左转、右转和制动的参数传输至汽车大脑。

(2)无人驾驶清扫车"蜗小白"

无人驾驶清扫车"蜗小白"如图7-33所示,目前已经在雄安新区、乌镇、北京植物园、北京海淀公园、上海科技馆、北京欢乐谷、清华大学等多处正式开始投放运营,让智能环卫以及无人驾驶产品,真正深入智能生活圈。同时它也是5G技术与无人驾驶相结合的新一代智能网联汽车应用产物。

图7-33 无人驾驶清扫车

(3)上汽荣威MARVEL-R

2021年2月7日,全球首款量产5G汽车——上汽荣威MARVEL-R上市,如图7-34所示。众所周知,华为在5G技术上全球领先,而MARVEL-R就搭载了华为5G技术。它配备了华为的5G T-Box芯片,可以实现5G-V2X智慧出行(基于5G通信的车联网)及5G智能座舱。5G移动通信系统有着速率快、时延低、容量大的特点,将会给车联网和自动驾驶带来颠覆性的改变。

图7-34 上汽荣威MARVEL-R(搭载华为5G技术)

(4)编队行驶、远程/遥控驾驶

华为和德国航空航天中心于德国慕尼黑进行了基于5G网络的自动驾驶测试。测试结果表明,基于5G的V2X(Vehicle to Everything,车与外界信息交换)技术在车-车通信的应用场景中能满足低时延和高可靠性的性能要求,避免车辆碰撞。

具有5G技术支持能更好地完成汽车编队行驶、远程/遥控驾驶,具体解析见表7-3。

表 7-3　5G 支持的应用案例

应用案例	描述	网络需求
编队行驶	卡车自动编队行驶比人类驾驶员更加安全。车辆之间靠得更近，更能节省燃油，提高货物运输的效率。编队具有灵活性，即车辆在高速公路时自动编队，离开高速公路时自动解散	2～3 辆车即可组成编队，相邻车辆之间进行直接或间接通信。对于较长的编队，消息的传播需要更长的时间。制动和同步要求低时延的网络通信，对于 3 辆以上的编队，需要 5G 网络
远程/遥控驾驶	车辆由远程控制中心控制，而不是由车辆中的人驾驶。远控驾驶可以用来提供高级礼宾服务，使乘客可以在途中工作或参加会议；可提供出租车服务，也适用于无驾照人员，或者生病、醉酒等不适合开车的情况	往返时延需要小于 10ms，使系统接收和执行指令的速度达到人感知的速度，需要 5G 网络

7.4　汽车 CAN 通信技术

7.4.1　CAN 通信技术的概述

CAN 是控制器局域网络（Controller Area Network）的简称。CAN 是 ISO 国际标准化的串行通信协议，是车用控制单元传输信息的一种传送形式。由于汽车上各种各样的电子控制系统之间通信所用的数据类型及对可靠性的要求不尽相同，为适应"减少线束的数量""通过多个 LAN，进行大量数据的高速通信"的需要，1986 年德国博世公司开发出面向汽车的 CAN 通信协议，并通过 ISO 11898 及 ISO 11519 进行了标准化。

汽车 CAN 通信技术，用于车载网络中底层的车用设备或车用仪表互联。采用汽车总线技术后汽车电控系统之间的通信线束大大减少，从而节省了空间，降低了成本，实现了资源共享，提高了系统的可靠性和维修性。CAN 总线是目前应用最广泛的总线之一。

7.4.2　CAN 总线系统的组成及工作原理

CAN 总线系统的总体构成如图 7-35 所示，主要由若干个节点、两条数据传输线（CAN-H 和 CAN-L）及终端电阻组成。

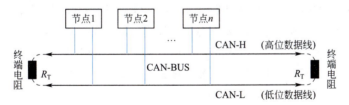

图 7-35　CAN 数据总线的总体构成

（1）数据传输线及终端电阻

① CAN 总线上的每个节点独立完成网络数据交换和测控任务，理论上，CAN 总线可以连接无数个节点，但实际上受总线驱动能力的限制，目前每个 CAN 总线系统中最多可以连接 110 多个节点。

② CAN 数据传输线是双向串行总线，可以双向传递数据。大都采用具有较强抗干扰能力的双绞线，分为 CAN-H（CAN 高位）线和 CAN-L（CAN 低位）线，两线缠绕绞合在一起，其绞距为 20mm，横截面积为 0.35mm^2 或 0.5mm^2，如图 7-36 所示。

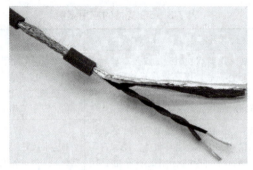

图 7-36 CAN 数据传输线

CAN 终端电阻的作用是防止信号在传输线终端产生反射波，而使正常传输的数据受到干扰。

（2）CAN 节点的硬件结构和网络通信原理

CAN 节点的硬件结构如图 7-37 所示，CAN 节点主要由微控制器、CAN 控制器、CAN 收发器组成，目前汽车上多采用内部集成 CAN 控制器的微控制器。

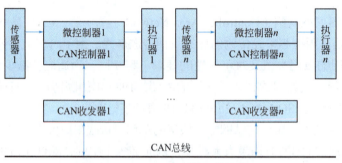

图 7-37 CAN 节点的硬件结构

节点 1 向节点 n 传输数据的流程如下：节点 1 的微控制器 1 对传感器 1 进行数据采集，然后将传感器 1 对应的数字信号附加一个数据标识（ID）号发送给 CAN 控制器 1，CAN 控制器 1 对数据进行打包，然后将数据包发送给 CAN 收发器 1，CAN 收发器 1 再将其数字信号转换为对应的 CAN 总线电压信号，从而完成数据发送过程。当节点 n 从 CAN 总线上接收到电压信号后，首先由 CAN 收发器 n 将总线电压信号转换为对应的数字信号，然后将其数字信号发送给 CAN 控制器 n，CAN 控制器 n 首先对其收到的数据进行验收滤波，判断收到的信号是否是自身节点需要的数据，若是，则接收此数据并对其进行解包，为节点 n 的微控制器 n 提供有效数据（节点 1 的传感器信号），微控制器 n 可根据节点 1 的传感器信号控制执行器 n 动作；否则，节点 n 放弃此次收到的 CAN 数据。

CAN 节点中的 CAN 控制器具有数据打包/解包和验收滤波的作用，而 CAN 收发器具有"边说边听"（同时发送和接收）和信号转换（数字信号与总线电压信号的转换）的作用。CAN 收发器实现信号转换的过程如图 7-38 所示，CAN 收发器对 CAN-H 和 CAN-L 两根导线的电压进行差分运算后，生成差分电压信号，然后采用负逻辑将差分电压信号转换为数字信号。

（3）CAN 总线的应用

大众汽车系使用了多种 CAN 总线，目前大众车系比较完善的 CAN 总线系统包括动力（驱动）CAN 总线、舒适 CAN 总线、信息 CAN 总线、仪表 CAN 总线和诊断 CAN 总线五个局域网，通过网关构成一个完整的汽车网络体系，如图 7-39 所示。

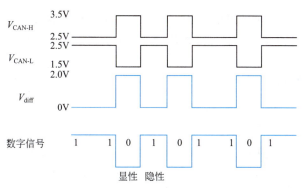

图 7-38　CAN 总线从电压信号到数字信号的转换

图 7-39　大众车系 CAN 总线系统

动力（驱动）CAN 总线数据传输速率为 500kbit/s，也称为高速 CAN 总线，包括发动机、变速器、ABS、悬架等电控单元。

舒适 CAN 总线数据传输速率为 100kbit/s，也称为低速 CAN 总线，包括车门、车窗、空调、电源等电控单元。

信息 CAN 总线数据传输速率为 100kbit/s，包括自适应巡航、多媒体等电控单元。

仪表 CAN 总线数据传输速率为 100kbit/s，包括仪表等电控单元。

诊断 CAN 总线数据传输速率为 100kbit/s，连接到汽车的诊断接口，用于故障诊断。

（4）CAN 总线在智能网联汽车中面临的挑战

在 L0～L3 级别汽车的智能辅助系统中，CAN 总线是车联网的重要组成部分，车联网需要解决车辆各系统之间的信息交换和共享问题。通过对传感器数据和终端数据的处理，实现车辆诊断、提醒、报警等功能。车内装置通过 CAN 总线与车身控制单元通信，从而获得车速、胎压、油量等车辆状态信息。在汽车智能网联时代，汽车传感器和处理器的大量增加导致通信带宽需求显著增加。在引入信息娱乐系统和基于视频的高级驾驶辅助系统（ADAS）时，这些应用的数据传输带宽要求明显高于传统的控制系统。现有的 CAN 总线技术已无法满足需要，急需下一代的车辆网络技术和体系结构。

此外，CAN 总线通信缺乏加密和访问控制机制，缺少认证和消息验证机制，无法识别和警告异常消息。在智能网联汽车的 CAN 总线安全中，CAN 总线用于将汽车的 T-box 与各种 ECU 控制模块连接起来，而 T-box 则作为智能汽车的联网设备，具有更多的外部接入点，因此数据传输和信息验证的过程极易受到黑客的攻击。鉴于 CAN 总线的特点，攻击者可以通过物理入侵或远程入侵的方式进行攻击和入侵。例如通过消息伪造和重放，利用系统漏洞远程控制车辆的多媒体系统，然后攻击车辆控制单元，获得远程向 CAN 总线发送命令的权限，达到远程控制动力系统和制动系统的目的，在用户不知情的情况下减速、关掉汽车发动机、突然制动或者让制动失灵。当车辆处于物理接触状态时，攻击者可以通过接口输入命令来控制车辆的动力系统，并可以控制转向盘和制动系统，严重威胁到交通参与者的人身安全。基于 CAN 总线数据通信的汽车数据安全保障也是一个急需解决的问题。

7.5 车联网通信技术

7.5.1 车联网通信技术的定义

车联网是指通过新一代信息通信技术，实现车与云平台、车与车、车与路、车与人、车内等全方位网络连接，如图 7-40 所示。车联网通信技术利用传感技术感知车辆的状态信息，并借助无线通信网络与现代智能信息处理技术实现交通的智能化管理，以及交通信息服务的智能决策和车辆的智能化控制。

车联网通信技术可以提升车辆整体的智能驾驶水平，为用户提供安全、舒适、智能、高效的驾驶感受与交通服务，同时提高交通运行效率，提升社会交通服务的智能化水平。

① 车与云平台间的通信（V2N）是指车辆通过卫星无线通信或移动蜂窝等无线通信技术实现与车联网服务平台的信息传输，接受平台下达的控制指令，实时共享车辆数据。

② 车与车间的通信（V2V）是指车辆与车辆之间实现信息交流与信息共享，包括车辆位置、行驶速度等车辆状态信息，可用于判断道路车流状况。

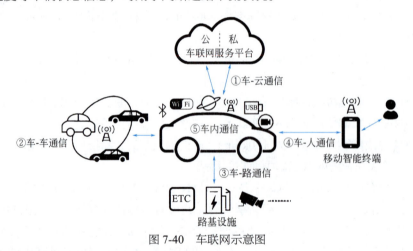

图 7-40 车联网示意图

③ 车与路间的通信（V2I）是指借助地面道路固定通信设施实现车辆与道路间的信息交流，用于监测道路路面状况，引导车辆选择最佳行驶路径。

④ 车与人间的通信（V2P）是指用户可以通过 WiFi、蓝牙等无线通信手段与车辆进行信息沟通，使用户能通过对应的移动终端设备监测并控制车辆。

⑤ 车内设备间的通信是指车辆内部各设备间的信息数据传输，用于对设备状态的实时监测与运行控制，建立数字化的车内控制系统。

7.5.2 车联网"三网融合"

车联网主要实现了"三网融合"，即将车内网、车际网和车载移动互联网进行融合，如图 7-41 所示。"三网"包括：车内网，即以车内总线通信为基础的车内网络，也称为车载网络；以短距离无线通信为基础的车际网；以远距离通信为基础的车载移动互联网。

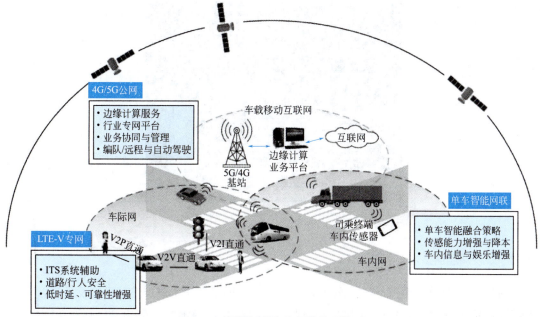

图 7-41 智能网联汽车网络体系构成

（1）车内网（车载网络）

车载网络是基于 CAN、LIN、FlexRay、MOST、以太网等总线技术建立的标准化整车网络，可实现车内各电器、电子单元间的状态信息和控制信号的传输，使车辆具有状态感知、故障诊断和智能控制等功能。

（2）车际网（车载自组织网络）

车载自组织网络是基于短距离无线通信技术自主构建的 V2V、V2I、V2P 之间的无线通信网络，可实现 V2V、V2I、V2P 之间的信息传输，使车辆具有行驶环境感知、危险辨识、智能控制等功能，并能够实现 V2V、V2I 之间的协同控制，如图 7-42 所示。

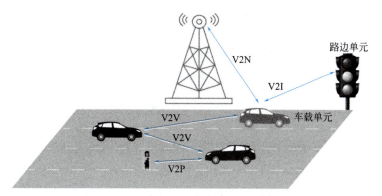

图 7-42 车际网（车载自组织网络）

（3）车载移动互联网

车载移动互联网是基于远距离通信技术构建的车辆与互联网之间连接的网络，可实现车辆信息与各种服务信息在车载移动互联网上的传输，使智能网联汽车用户能够开展商务办公、信息娱乐服务等，如图 7-43 所示。

图 7-43 车载移动互联网

7.5.3 车联网通信技术发展路线

车联网通信技术发展路线，如图 7-44 所示。车联网通信技术发展的初级阶段是信息服务，中级阶段是智能服务，高级阶段是协同控制（车车通信与安全控制、车路通信与安全控制）。

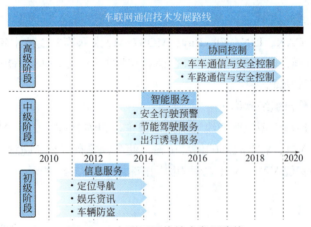

图 7-44 车联网通信技术发展路线

第 8 章
先进驾驶辅助系统（ADAS）

8.1 ADAS 概述

8.1.1 ADAS 的概念

先进驾驶辅助系统（Advanced Driver Assistance Systems，ADAS）又称为高级驾驶辅助系统。其主要功能是利用安装在车上各式各样的传感器提前感知车辆及其周围情况并进行分析处理，发现危险及时预警，提醒驾驶员或执行器介入汽车操作，保障车辆安全行驶。智能网联汽车先进驾驶辅助系统，如图 8-1 所示。

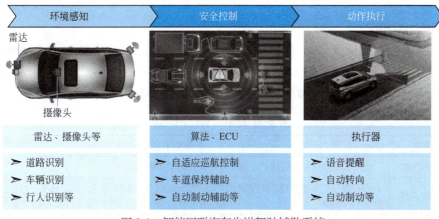

图 8-1　智能网联汽车先进驾驶辅助系统

近年来 ADAS 市场增长迅速，原来这类系统局限于高端市场，而现在已经进入中端市场，与此同时，许多低端技术在入门级乘用车领域中的应用更加常见，经过改进的新型传感器技术也在为 ADAS 的广泛应用创造新的机会与策略。

8.1.2 ADAS 的类型

先进驾驶辅助系统是智能网联汽车的重要组成部分，是无人驾驶汽车的关键技术和过渡形态。先进驾驶辅助系统按照功能分类主要有三大类：视野改善类、安全预警类、主动控制类。

（1）视野改善类

视野改善是指提高在视野较差环境下的行车安全性。视野改善类先进驾驶辅助系统主要有自适应前照明系统、夜视辅助系统、平视显示系统、全景泊车系统等，见表 8-1。

表 8-1 视野改善类 ADAS

系统名称	功能介绍
自适应前照明系统	自动调节前照明系统的工作模式
夜视辅助系统	晚上使用热成像技术，呈现行人或动物
平视显示系统	将汽车驾驶辅助信息、导航信息、ADAS 信息等以投影方式显示在前方，方便阅读
全景泊车系统	360° 全景提示

（2）安全预警类

安全预警是指自动监测车辆可能发生的碰撞危险并提醒，从而防止发生危险或减轻事故伤害。安全预警类先进驾驶辅助系统主要有前向碰撞预警系统、车道偏离预警系统、盲区监测系统、驾驶员疲劳监测系统等，见表 8-2。

表 8-2 安全预警类 ADAS

系统名称	功能介绍
前向碰撞预警系统	识别潜在的危险情况，并通过提醒帮助驾驶员避免或减缓碰撞事故
车道偏离预警系统	可能偏离车道时给予驾驶员提示，减少因车道偏离而发生的事故
盲区监测系统	监测盲区内行驶车辆或行人
驾驶员疲劳监测系统	推断驾驶员的疲劳状态，进行报警提示或采取相应措施

（3）主动控制类

主动控制是指自动监测车辆可能发生的碰撞危险并提醒，必要时系统会主动介入，从而防止发生危险或减轻事故伤害。主动控制类先进驾驶辅助系统主要有车道保持辅助系统、紧急自动制动系统、自适应巡航控制系统、自动泊车辅助系统等，见表 8-3。

表 8-3 主动控制类 ADAS

系统名称	功能介绍
车道保持辅助系统	修正即将越过车道标线的车辆，使车辆保持在车道线内
紧急自动制动系统	当车辆与前车处于危险距离时，主动产生制动效果让车辆减速或紧急停车，减少因距离过短而发生的事故
自适应巡航控制系统	使车辆始终与前车保持安全距离
自动泊车辅助系统	自动泊车入位

8.2 视野改善类 ADAS

8.2.1 汽车自适应前照明系统

（1）自适应前照明系统的概念

自适应前照明系统（Adaptive Front Lighting System，AFS）是一种照明装置，它能够根据天气情况、外部光线、道路状况以及行驶信息，来自动改变前照明系统的工作模式，调整照射光线的光型，消除夜间或能见度低时转弯或其他特殊行驶条件下带来的视野暗区，能够为驾驶员提供范围更宽、更为可靠的照明视野，保证驾驶员和道路行人的安全。

汽车有无 AFS 照明效果比较图，如图 8-2 所示。可以看出，AFS 的转向灯能够根据转向盘的角度转动，把有效的光束投射到驾驶员需要看清的前方路面上。

图 8-2 汽车有无 AFS 照明效果比较图

汽车自适应前照明系统的主要发展历程如图 8-3 所示。

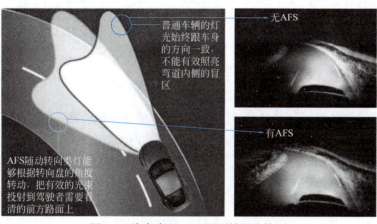

第一代AFS
主要有上下左右(或者只有)上下)调整功能。上下功能：可以根据车身俯仰情况，实时调节大灯的照射高度以防止产生眩目。左右功能：可以根据方向盘的转动角度，实时旋转大灯，优化驾驶员视野

第二代全功能AFS
能够使灯光分布根据摄像头等传感器所反馈的道路状况、行车状况、天气状况做出调整，以达到最佳照明效果，从而增强驾驶的安全性和舒适性。其有城市道路照明模式、高速公路照明模式和恶劣天气照明模式等

第三代智能远光ADB
ADB(Adaptive Driving Beam，自适应远光灯)相比AFS进一步提升了大灯的性能，比如在大灯内增加挡光片/导元柱，或者将氙气灯升级为LED矩阵大灯。
ADB能最大程度保证驾驶视野的同时不产生眩目。当对面没有车辆时开启远光灯；当对面有车辆时，自动调头灯内的挡光片挡住部分远光，从而防止产生眩目；并且能够随着不同的路况实时地调节光型，实现城市道路、乡村道路等照明模式

图 8-3 智能大灯技术发展阶段

（2）自适应前照明系统的组成

自适应前照明系统主要由传感器单元、CAN 总线传输单元、控制单元（ECU）和执行单元等组成，如图 8-4 所示。

① 传感器组。传感器组是用来采集车辆当前信息（如汽车速度、姿态、转向角度等）和外部环境（如弯道、坡度和天气等）的变化信息，包括汽车速度传感器、转向盘转角传感器、

环境光照强度传感器、车身高度传感器、位置传感器等。

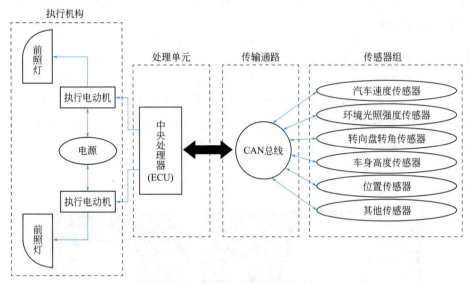

图 8-4　自适应照明系统的组成

② CAN 总线传输通路。CAN 总线传输通路负责把各种传感器采集的信息传输给中央处理器，实现内部控制与各种传感器检测以及执行机构之间的数据通信。

③ 中央处理器（ECU）。中央处理器需要对车辆行驶状态做出综合判断，输出脉冲变量给执行机构。

④ 执行机构。中央处理器（ECU）输出的信号给执行机构的执行电动机，调节前照灯的照射距离和角度，为驾驶员提供更广阔的视野，保障行车安全。

（3）自适应前照明系统的工作原理

自适应前照明系统实现的基本原理是安装在车辆上的各种传感器采集汽车动态信号参数（汽车速度、姿态、转角、位置等），控制单元对信号参数进行分析判断和算法运算并产生控制信号输入执行单元，执行单元控制前照明系统运转。

系统主要功能按以下方法实现。

① 系统通过开关器件获取功能开关信号，通过轮速传感器获取车速信号，通过转向盘转角传感器获取转角信号，通过车身高度传感器获取姿态信号等。经过巡检算法判断，如果前照灯需要进行转动，系统会根据角度算法计算出需要转动的角度，通过控制单元输出控制信号，控制水平和垂直安装的步进电机转动，最后再通过机械传动机构实现前照灯转动，让照明光束始终与道路保持一致，这样驾驶员就能够清楚地看到即将出现的弯道上的路况，以便及时采取预防或紧急避险措施。

② 系统通过获取大灯开关器件信号和环境光照强度传感器的光照强度信号，对前照灯开关进行控制。系统会设置一个光照阈值，当光照强度小于阈值时，系统自动延时打开前照灯；当光照强度大于阈值时，系统自动延时关闭前照灯。

③ 系统在前照灯处于初始化位置时，通过获取霍尔位置传感器的位置信号，判断前照灯实际运行的角度与控制单元输出角度之间的误差。如果误差不大，通过角度 PD 调节算法对误差进行调节；如果误差过大，说明前照灯出现了故障，系统会产生故障报警信号提醒驾驶员

前照灯出现故障。

④ 系统通过液晶显示装置实时显示系统的工作状态,包括车速状态、转向盘转角状态、车灯转角状态等。

(4) 自适应前照明系统的功能

自适应前照明系统可根据路况,随时调整光型的方向和高度,以适应不同路况对前照灯的要求,从而增加驾驶的安全性与舒适性。图 8-5 所示为 AFS 不同工作模式下的照射光型。

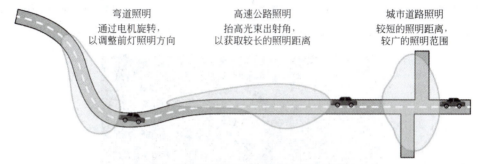

图 8-5 AFS 不同工作模式下的照射光型对比

汽车 AFS 照明模式主要有基础照明模式、弯道照明模式与增强型动态弯道照明模式、城市道路照明模式、高速公路照明模式、乡村道路照明模式和恶劣天气照明模式等。

① 基础照明模式。车辆在行驶过程中,当道路状况及环境气候均处于正常状况时,自适应前照明系统的工作模式相当于传统的汽车照明系统,自适应前照明系统不作任何调整。当环境光照强度传感器检测到外界光线变化时,自适应前照明系统会根据感知的光照强度来决定是否补充照明以满足驾驶要求。

汽车经常会行驶在坡路上,有时即使是在平坦的道路上,汽车载重过大或汽车突然的加速或制动,都会导致车身发生俯仰,车身的俯仰就一定会造成前照灯照射的角度发生变化,如图 8-6 所示。自适应前照明系统会通过对车身姿态信号的判断,自动调整大灯的照射高度,使其保持正常的照射范围。

图 8-6 汽车后排载重过大有无 AFS 灯光照射图

汽车正常行驶过程中,前照灯光轴在水平位置。当车身发生后仰时,前照灯的照射光线就会抬高,使远处的照射光线发散,造成驾驶员视野模糊,不能清晰地辨认远处的行人和物体,一旦发生紧急情况,就没有足够的时间来保证行车安全。当车身发生前仰时,前照灯的照射光线降低，从而导致照明范围缩小，驾驶员不能及时地发现前方路况，严重影响行车安全。在这种行车条件下，车身高度传感器能够检测到汽车前后高度的变化，结合车速传感器采集到的车速信息，系统根据汽车前后高度的变化量以及轴距计算出车身俯仰角的差值，从而调整汽车前照灯纵向角度，使前照灯光轴恢复到水平位置以提供最佳的照明条件，确保驾驶员在该情况下有足够视野来判断前方的路况，保证行车安全。

② 弯道照明模式与增强型动态弯道照明模式。车辆转弯时，增强弯道内侧照明，转向灯开启时激活或根据车速与转向盘转角判断激活，角灯提供 100% 的亮度进行补光辅助，如图 8-7 所示。避免驾驶员因无法及时地发现弯道上的路况而发生交通事故。

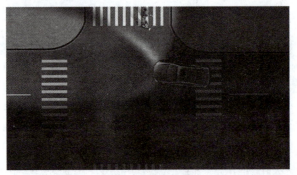

图 8-7　弯道照明模式

增强型动态弯道照明模式是根据车辆速度、转弯角度、车身横摆角速度综合计算，通过像素大灯的远近光模组和角灯，增强弯道内侧近光亮度（对弯心和"下一帧视野"进行动态补光），照明效果更佳，如图 8-8 所示。汽车向左转弯时，左侧前照灯向左偏转一定角度，右侧车灯不动；汽车向右转弯时，右侧前照灯向右偏转，左侧车灯不动。这种照明模式既提供了汽车在弯道上行驶时侧面道路足够的光照强度，又保证了前进方向的照明。

图 8-8　增强型动态弯道照明模式

③ 城市道路照明模式。城市道路行车的特点是车速较低，车流量和人流量都很大，外界照明条件好，十字路口多，发生随机性事故的可能性较大。在这样的道路上行车要求视野清晰，防止眩目。车速较低时，角灯会以约 20% 的亮度点亮，为城市道路 / 交叉路口 / 行人提供更宽阔的照明，如图 8-9 所示。这有效地避免了与交叉路口突然出现的行人、车辆可能发生的交通事故。

④ 高速公路照明模式。高速公路上行车特点是车速快，车流量相对较小，侧向干扰少。这样的行车特点要求前照灯光线照射距离足够远，以保证前方出现状况时驾驶员有足够的时

间采取措施。在高速公路上行车，汽车灯光的照射距离应该与车速成正比的关系，汽车灯光的照射距离要大于驾驶员的反应距离和制动距离的总和。

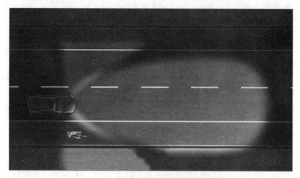

图 8-9　城市照明模式

汽车行驶在高速公路时，当车速传感器检测到车速大于 70km/h，并根据 GPS 判断其为高速行驶模式时，系统自动开启高速公路照明模式。汽车前照灯照射光线随着车速的增加在垂直方向上抬高，以使光线能够照射得更远，保证驾驶员能够在安全距离之外发现前方的车辆，如图 8-10 所示。

图 8-10　高速公路照明模式

⑤ 乡村道路照明模式。乡村道路外照明条件差，岔路口多，路况复杂，路边障碍物不容易被发现；道路狭窄，起伏不平，造成行车时车身倾斜，从而导致前照灯俯仰角发生变化，容易引发交通事故。

在乡村道路上行驶时，AFS 通过环境光照强度传感器、车速传感器和 GPS 来判断外界行驶条件，决定是否开启乡村道路照明模式。在乡村道路照明模式下，系统增大左右前照灯的输出功率，增强光照亮度来补充照明。依据右侧行车的交通法规，车辆在乡村道路行驶时，右侧的前照灯照射光线要向右偏转一些，拓宽右侧道路的照明范围以使灯光能够照射到路面边缘，如图 8-11 所示。

⑥ 恶劣天气照明模式。恶劣天气照明模式主要针对的是阴雨天气，此时地面的积水会将前照灯打在地面上的光线反射至对面车驾驶员的眼睛中，使其眩目，进而可能造成交通事故。在阴雨天气下行驶的车辆，AFS 根据检测的路面湿度、轮胎滑移以及雨量传感器，判断系统状态为恶劣天气照明模式，AFS 驱动垂直调高电机，降低前照灯垂直输出角，自动调整各颗 LED 的发光强度实现更优的照明效果，降低路面的反光，改善车主视野，如图 8-12 所示。

图 8-11 乡村道路照明模式

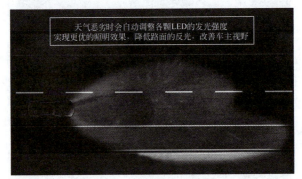

图 8-12 恶劣天气照明模式

（5）自适应前照明系统的应用

目前，汽车自适应前照明系统主要用在豪华轿车上，如奔驰、奥迪、宝马、别克、雷克萨斯等。

① 奔驰公司自适应前照明系统。奔驰自适应前照明系统也称 LED 智能照明系统，如图 8-13 所示，其采用 LED 光源。

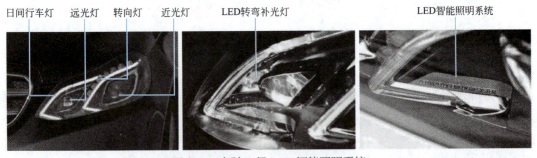

图 8-13 奔驰 E 级 LED 智能照明系统

奔驰 E 级 LED 智能照明系统具有 5 种发光模式，分别是乡村道路照明、高速公路照明、增强型雾灯、主动转弯照明和弯道辅助系统照明。

乡村道路照明：能够更加宽阔地照亮驾驶员一侧的路面，从而使驾驶员在黑暗中更容易判断前方路况，并能够更容易地在其他车辆或人员穿越其行车路径时作出反应。

高速公路照明：夜间在高速公路上行驶，车速达到预设的速度时，LED 大灯会比传统模式下近光灯增加 60% 的照明度。并且划分出了两挡：当车速为 90km/h 时，一挡自动激活，可有效改善夜间高速公路行车的远距离视野；当车速超过 110km/h 时，二挡启用，照明范围进一步增强，识别距离再次加大，近光灯照射距离比传统模式下增加 50m。

增强型雾灯：在浓雾、雾霾等天气下行驶时使用，该功能在 70km/h 速度以内且后雾灯打开时被激活，驾驶员一侧的 LED 大灯可向外转动约 8°，并降低大灯照射高度，以便更好地照射近侧路面。

主动转弯照明：根据不同的车速和转向角，主动转弯照明模式会自动开闭。开启时 LED 转弯补光灯可迅速向转弯方向转动（最大可达 15°），增强转角方向的照明效果。

弯道辅助照明：当车速低于 40km/h 行驶且转动转向盘或使用转弯信号灯时，弯道辅助照明模式会被自动激活。此时会照亮汽车前方侧面约 65°、约 30m 远的照射区域。对比传统车灯模式，能够更早地发现横穿道路的行人。

除以上 5 种照明模式外，奔驰还为新 E 级推出了增强型自适应远光灯的功能。该系统可实现远光灯在持久照明的同时，有效避免对其他车辆或行人造成的眩光干扰。通过车前立体多功能摄像头探测，LED 灯组会在 ECU 的控制下自动把光线压低至前方同向或对向车辆之下，使其他车辆不受远光灯影响。根据交通流量及道路照明条件的不同，远光照射距离可以从 65m 一直延伸至 300m。

② 别克自适应前照明系统。从外观看，智能像素前照灯有 4 个照明单元：角灯，广角近光模组，84 像素远近光一体式模组，日间行车灯、位置灯和转向灯，如图 8-14 所示。该车灯的光源，均为发光二极管（LED）。广角近光模组是依靠 LED 前面的透镜，将光打出去。

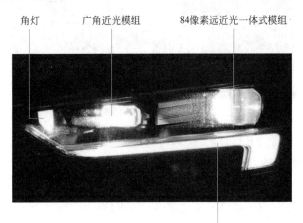

图 8-14　智能像素前照灯 4 个照明单元

如图 8-15 所示的 84 像素远近光一体式模组是智能像素前照灯最核心的部件。在透镜的辅助下，其最远照射距离高达 400m。该模组的光源，是 84 颗具有独立分区开闭能力的 LED。在软件的控制下，可实现分区照明；再结合广角近光模组和角灯，照明功能就会变得更智能、更精准。

当探测到同向车辆时，它会关闭前方车辆所在区域的光束，并能随着距离的变化，将"暗区"不断调整，以确保不会对前方车辆产生眩目；当探测到迎面来车时，车灯同样会立刻响应，随着会车结束，LED 会重新亮起，实现智能防眩目功能，如图 8-16 所示。

智能像素前照灯当中的角灯，位于大灯总成的最里端。当处于市区模式或转弯模式时，它负责向车身侧面照明。各种照明模式，都是自动控制的。在较高的车速下，车灯"集中火力"向前照射，此时角灯并未点亮。

图 8-15　84 像素远近光一体式模组

图 8-16　智能防眩目功能

在车速较慢的情况下，角灯点亮，但只点亮了 20%，让驾驶者可以看到左右两侧的路况。如果驾驶者转动转向盘，角灯的亮度会从 20% 提升到 100%，将车左或车右的侧面照射得清清楚楚。

如图 8-17 所示，表现的是角灯开启之前与之后的不同场景。可见，它为驾驶者提供了更为开阔的视野。

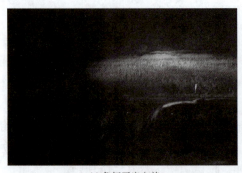
(a) 角灯开启之前

(b) 角灯开启之后

图 8-17　角灯开启之前与之后的不同场景

8.2.2 汽车夜视辅助系统

（1）夜视辅助系统的定义

汽车夜视辅助系统是一种利用红外成像技术辅助驾驶员在黑夜中看清道路、行人和障碍物等，减少事故发生，增强主动安全的系统，如图 8-18 所示。

图 8-18　汽车夜视辅助系统及其功能图标

按照工作原理不同，汽车夜视辅助系统可以分为主动夜视辅助系统和被动夜视辅助系统两种。

① 主动夜视辅助系统。主动夜视辅助系统采用主动红外成像技术，把目标物体反射或自身辐射的红外辐射图像转换成人眼可观察的图像。这种系统本身必须具备光源，即使是不发出热量的物体也可以"看"到。转换后的图像通过图像处理可以提高清晰度，道路标志清晰可见。

② 被动夜视辅助系统。被动夜视辅助系统采用热成像技术，即基于目标与背景的温度和辐射率差别，利用辐射测温技术对目标逐点测定辐射强度而形成可见的目标热图像。这种系统本身没有光源，仅依靠对物体本身发出的光线进行识别，因此对不发出热量的物体"看"不清或"看"不到。图像清晰度取决于天气条件和时间段，图像与实际景象不完全符合。

（2）夜视辅助系统的组成及原理

汽车主动夜视辅助系统主要由红外发射单元、红外成像单元、控制单元（ECU）和图像显示单元等组成，如图 8-19 所示。

图 8-19　汽车主动夜视辅助系统的组成

① 红外发射单元。红外发射单元位于两个前照灯内，当它被激活时，产生的红外线用于照射车辆前方区域，相应的夜视图类似于在远光灯下透过挡风玻璃所见到的情景。

② 红外成像单元。红外成像单元主要是红外图像摄像头，记录车辆前方区域内的图像，并提供其探测范围内是否存在行人或障碍物的信息，然后通过数字视频线将数据发送给控制单元（ECU）。

③ 控制单元（ECU）。控制单元（ECU）分析红外成像单元传来的数据，再通过集成化数据处理，将画面传输给图像显示单元，其中识别的行人和动物，以高亮度显示。一般对于数

字化的 CCD 摄像头，采集到信号后，会进行必要的去噪声、信号增强等处理，然后再送给图像显示单元。

④ 图像显示单元。图像显示单元接收控制单元传来的信号并显示，驾驶员就可以清晰地看到前大灯照射范围之外的景物，避免出现意外。

汽车被动夜视辅助系统没有红外发射单元，主要由红外成像单元、控制单元（ECU）和图像显示单元等组成。

（3）夜视辅助系统的工作原理

① 主动夜视辅助系统的工作原理。主动夜视辅助系统将摄像头安装到汽车前大灯，通过卤素灯泡照射，使用多套照射系统和摄像机来识别红外反射波，利用目标反射红外光源。红外光源发出的短红外线是主动照射目标，红外 CCD 探测器接收的目标再反射短红外光线，通过 ECU 处理后，可以把图像信息传递给驾驶员。主动夜视辅助系统对比度分辨率高，且图像较清晰、可靠。由于不依靠物体的热源，即使不发热的物体也能清晰可见，比如道路上的行人、车辆、道路标志牌等都可以被发现。

② 被动夜视辅助系统的工作原理。被动夜视辅助系统利用热成像摄像头接收人、动物等发热物体发出的不同的红外热辐射（远红外线）映射出不同的图像，并对图像进行放大和处理后输出。由于不同物体对红外线反射强弱不同，行人、动物等可以发热的物体在反射中特别突出，通过传感器的捕捉，带有热源的物体影像输出到车载显示屏上。被探测到的物体看起来就像是照相机的底片一样。但是被动红外夜视系统本身无法克服的缺点是：对于无生命、无热源特征的目标，比如道路的标志牌、车道线、车道护栏等物体，被动夜视辅助系统无法检测到图像。此外，由于汽车前挡风玻璃不能传输长波的远红外线，摄像头须安装在车外，需经常清洁，且在汽车前端碰撞时易受损伤。

在被动夜视辅助系统中，关键零部件是红外摄像头，它与主动夜视辅助系统的红外摄像头原理相同，但接收对象存在差异，因此其软硬件设计也有不同。主动夜视辅助系统红外摄像头主要接收物体对红外光源的反射光线，而被动夜视辅助系统红外摄像头主要接收物体本身发出的红外辐射。被动夜视辅助系统红外摄像头主要装配于车辆前保险杠，一般安装在一个防撞击的盒子里，挡风玻璃清洗系统同时负责相机的清洁。当外界气温低于 5℃时，镜头盖则被加热；拍摄距离能到 300m 以上；部分车型红外摄像头也可以随着车速的增加，通过镜头焦距的改变使得远距离的目标放大，使目标更清晰。

主动发射式红外摄像头探测距离为 150～200m，而被动接收式则能到 300m 以上，如果在高速公路上，时速 120km/h 时，被动夜视辅助系统能比主动夜视辅助系统提前 5s 发现行人和障碍物。

（4）夜视辅助系统的应用

目前，夜视辅助系统主要是高端车型的高端配置，如宝马、奥迪、奔驰等车型。宝马和奥迪采用被动式夜视辅助系统，奔驰则采用主动式夜视辅助系统。

① 奥迪 A8L 夜视辅助系统。奥迪 A8L 夜视辅助系统主要元件是控制单元和摄像头。控制单元是夜视辅助系统的核心，位于左前座椅前方的汽车底板内，装在那里的一个塑料盒内，如图 8-20 所示。

夜视辅助系统控制单元主要完成以下任务：处理夜视辅助系统摄像头的原始图像；识别出热敏图像上的人并将其做上标记；持续不断地对摄像头图像进行分析，并测算车辆与识别出的行人碰撞的可能性；在识别出有碰撞危险时发出警告；将已处理完的热敏图像传送给组合仪表；使用 CAN 扩展总线接收并处理夜视辅助系统功能所需要的数值和信息；为摄像头供电（蓄电池电压）；持续地对系统进行诊断，并将识别出的故障记录到故障存储器内；通过测量数据块、自适应和执行元件诊断来帮助查找夜视辅助系统故障；通过软件对售后和生产中的系统进行校准；行车中在某些条件下进行动态校准；存储用户对夜视辅助系统所做的设置。

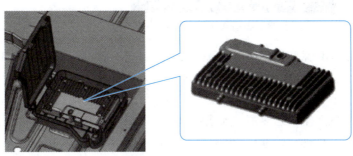

图 8-20　奥迪 A8L 夜视辅助系统控制单元

奥迪 A8L 夜视辅助系统的摄像头是一种红外热敏图像摄像头，如图 8-21 所示。

图 8-21　奥迪 A8L 夜视辅助系统红外摄像头

该摄像头配有自己的运算器，除了录下原始图像并把图像传给控制单元，还要储存校准数据。这些校准数据并不是存储在控制单元内，而是存储在摄像头内，这样，在更换损坏的夜视辅助系统控制单元后，就不必重新进行校准。该摄像头的图像是黑白图像，其分辨率水平为 320 像素，竖直为 240 像素，每秒捕捉 20 帧照片。该摄像头的探测范围约 300m，摄像头的水平探测张角约为 24°，如图 8-22 所示。

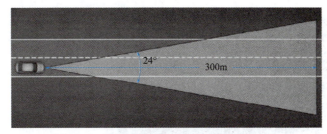

图 8-22　摄像头的探测范围和水平探测张角

奥迪 A8L 夜视辅助系统的摄像头安装在车辆散热器隔栅的奥迪环中，如图 8-23 所示。

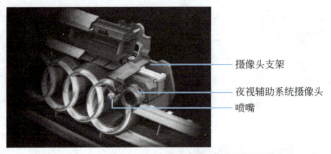

图 8-23　奥迪 A8L 夜视辅助系统摄像头安装位置

奥迪 A8L 夜视辅助系统除了可以让驾驶员看清近光灯照不到的黑暗中的交通标牌、弯道、车辆、障碍物等会造成危险的事物，正确判断出前方道路的情况，还可以通过远红外热成像摄像头捕捉到车辆前方 24°内、300m 以内的热源（包括人和动物），让驾驶员提前作出反应，避免交通事故的发生。当热源（人或动物）出现在捕捉范围内时，系统会将拍摄到的热信号传递给电控单元处理，处理后的图像就会在仪表盘的显示器中显示出来。当行人有横穿车辆前方的趋势时，系统会迅速做出判断并以红色突出显示，同时发出声音警告，如图 8-24 所示。

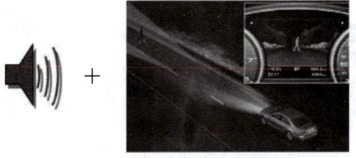

图 8-24　奥迪 A8L 夜视辅助系统

奥迪 A8L 夜视辅助系统是全天候的电子眼，在雨、雪、浓雾天气时，公路上的物体及路旁的一切也都能尽收眼底，大大提高汽车行驶的安全性。

② 奔驰的夜视辅助系统。奔驰的夜视辅助系统名为"Night View Assist Plus"，如图 8-25 所示，是目前夜视辅助系统中比较先进的系统。这套系统为主动红外照射，也就是所谓的短红外。这套系统并不依赖热源，而是通过使用多套照射系统和摄像机来识别红外反射波，并将识别后的数据以图像的形式传递给驾驶者。

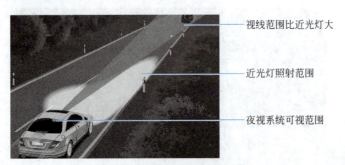

图 8-25　奔驰的夜视辅助系统

③ 奔驰与奥迪的夜视辅助系统的优缺点见表 8-4。

表 8-4　奔驰与奥迪的夜视辅助系统的优缺点

项目	奥迪夜视辅助系统（被动式）	奔驰夜视辅助系统（主动式）
优点	探照距离远；成像稳定，几乎不会被干扰	成像清晰（晚上能看清楚车辆型号，甚至能看清人的面容）；行人标注明显
缺点	不显示物体细节，所有的车和行人，只能看到一个轮廓（不能辨别男女）	外界光线的变化会干扰夜视系统；夜视距离不够远

8.2.3　汽车平视显示系统

（1）平视显示系统的定义

平视显示系统也称为抬头显示（HUD）系统。它利用光学反射原理，将汽车驾驶辅助信息、导航信息、检查控制信息以及 ADAS 信息等，透过镜片的定位技术，将图像投射到改进过的前挡风玻璃上，最后让影像犹如飘浮在汽车发动机盖上，大约离驾驶员眼睛 2m 远的位置，这样驾驶员无须低头就可随时看清各种行车信息，以及导航路况引导等，从而可提高行车安全性，如图 8-26 所示。

图 8-26　汽车平视显示系统

（2）平视显示系统的组成

平视显示系统主要由图像源、光学系统和图像合成器等组成，如图 8-27 所示。

图 8-27　汽车平视显示系统的组成

① 图像源。图像源一般采用液晶显示屏，实现 HUD 系统的各种功能，并输出视频信号。
② 光学系统。光学系统将视频信号投射出去，并且可以调节大小、位置等参数。
③ 图像合成器。一般将前挡风玻璃作为图像合成器，把外部景物信息和内部投影信息合成到一起。投射的图像在挡风玻璃上发生反射，以达到和前方路况信息叠加、融合的效果。

因此，带平视显示系统的车辆安装的是特殊的前挡风玻璃，其与传统前挡风玻璃的区别在于其两侧扁平玻璃中间的 PVB（聚乙烯醇缩丁醛）膜的厚度不是恒定不变的，而是略微呈楔形，这样的结构使驾驶员不会看到重影。

（3）平视显示系统的工作原理

平视显示系统原理与使用的光学系统结构密切相关。根据光学系统结构不同，汽车平视显示系统可以分为挡风玻璃映像式平视显示系统、前置反射屏式平视显示系统、自由曲面平视显示系统、菲涅尔透镜平视显示系统、与仪表盘相结合的平视显示系统等。

挡风玻璃映像式平视显示系统是最基本也是使用最为广泛的结构，如图8-28所示。从图像源发出的光经投影透镜折射和挡风玻璃反射与外部的景物光一同进入人眼，人眼沿着光线的反向延长线观察到位于挡风玻璃左侧的虚像，从而保证驾驶员能够在观察前方路况信息的同时也能观察到仪表盘上的信息。挡风玻璃一方面能透射外部景物光，另一方面又能反射图像源经过投影透镜的光。这种系统的优点是驾驶员能够在观察到投影像的同时进行一定范围的头部移动；缺点是图像小，亮度低，视场角小，质量和体积都较大。

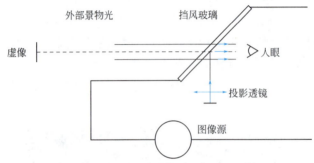

图8-28 挡风玻璃映像式平视显示系统

（4）平视显示系统的应用

宝马5系、标致308、标致508、奥迪A6、奥迪A7、雷克萨斯GS等都带有平视显示系统。由于该系统成本昂贵，以前只在少数豪华汽车里才配备，现在少数普通车也配备了该系统。

奥迪平视显示系统如图8-29所示。平视显示系统的中心元件是挡风玻璃投影控制单元，如图8-30所示，控制单元包含所有光学、机械和电气元件，位于紧邻组合仪表正前部的位置。

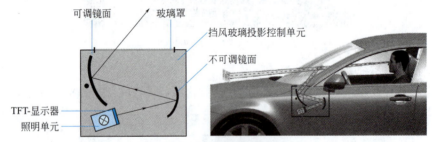

图8-29 奥迪平视显示系统

图8-30 挡风玻璃投影控制单元

8.2.4 汽车全景泊车系统

（1）全景泊车系统的定义

全景泊车系统为泊车提供更为直观的车周 360° 图像信息，在安全泊车上有着非常好的应用前景。该系统对于大体积的汽车来说可以明显减少停车入位时造成的剐蹭事故。

全景泊车系统，又名 360° 全景泊车影像系统、AVM 全景式监控影像系统、360° 全泊车系统、360° 全景可视系统、全息影像停车辅助系统、汽车环视系统等。

（2）全景泊车系统的组成

全景泊车系统通过安装在车身前后左右（车头、车尾和两侧后视镜下方）的四个 180° 超广角摄像头，同时采集车辆四周的影像，帮助驾驶员了解车辆周边视线盲区，使停车更直观方便。

全景泊车系统主要由安装在车身前后左右的四个超广角鱼眼摄像头、人机交互界面和系统主机等组成，如图 8-31 所示。

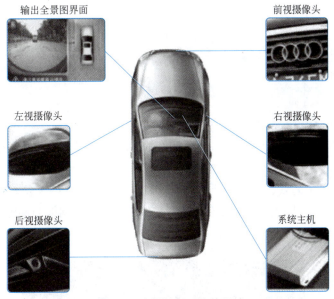

图 8-31　全景泊车系统的组成

（3）全景泊车系统的工作原理

全景泊车系统的四个超广角鱼眼摄像头同时采集车辆四周的影像，经过图像处理单元畸变还原→视角转化→图像拼接→图像增强等处理，最终形成一幅 360° 全景俯视图，如图 8-32 所示。

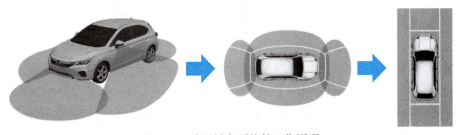

图 8-32　全景泊车系统的工作原理

人机交互界面在显示全景图的同时，也可以显示任何一方的单视图，并配合标尺线准确地定位障碍物的位置和距离。如图8-33所示，左边为单一方向影像，右边为全息影像。

图8-33 全景泊车系统示意图

8.3 安全预警类 ADAS

8.3.1 汽车前向碰撞预警系统

（1）前向碰撞预警系统的定义

前向碰撞预警（Forward Collision Warning，FCW）系统通过雷达或视觉传感器时刻监测前方车辆，判断本车与前车之间的距离、方位及相对速度，当存在潜在碰撞危险时对驾驶员进行警告。一般预警的方式有声音、视觉或触觉警示等，如图8-34所示。FCW系统一般本身不会采取任何制动措施去避免碰撞或控制车辆，但也有一些前向碰撞预警系统提供不同程度的制动功能。

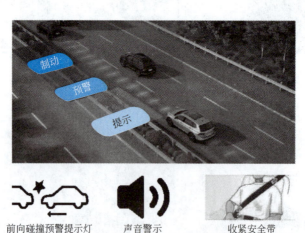

图8-34 前向碰撞预警系统

（2）前向碰撞预警系统的组成

前向碰撞预警系统由信息采集、电子控制和人机交互三个单元组成，如图8-35所示。

① 信息采集单元。信息采集单元主要利用毫米波雷达采集前向车辆或障碍物的车距、车

速和方位角信息，利用视觉传感器采集前向车辆或障碍物的图像信息，利用自身车速和加速度传感器采集本车的速度、加速度等信息。

② 电子控制单元。电子控制单元主要对前向车辆或障碍物的图像信息和车距、车速等信息进行信息融合，确定障碍物的类型和距离，结合本车行驶状态信息，采用一定的决策算法，评估是否存在潜在的碰撞风险，若存在，则向人机交互单元发出预警指令。

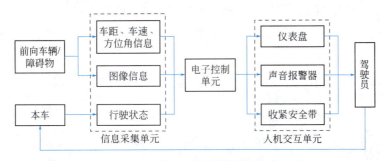

图 8-35　前向碰撞预警系统组成

③ 人机交互单元。人机交互单元主要接收由电子控制单元传来的指令，根据预警程度或级别的定义，进行相应预警信息的发布，如在仪表盘或抬头显示区域显示预警信息或闪烁预警图标、发出预警声音和收紧安全带等，提醒驾驶员采取措施进行规避。驾驶员接收预警信息后对本车采取制动行为，若碰撞风险消失，则碰撞预警取消。

（3）前向碰撞预警系统的工作原理

前向碰撞预警系统主要利用毫米波雷达、摄像头等传感器来进行信息采集。一般对本车行驶轨迹内的最近障碍车辆进行预警，并且不受在非本车行驶轨迹内的前方更近障碍物等的影响。在正确识别有效目标的基础上，结合本车当前行驶状况与有效目标运动情况进行决策分析，当系统判断可能发生碰撞时便发出蜂鸣声并显示警示信号，提醒驾驶者注意危险状况，及时躲避。

前向碰撞预警系统的工作原理如 8-36 所示，它通过分析传感器获取的前方道路信息对前方车辆进行识别和跟踪，若有车辆被识别出来，则对前方车距进行测量；同时利用车速估计，根据安全车距预警模型判断是否存在追尾的可能，一旦存在追尾危险，便根据预警规则及时向驾驶员预警。

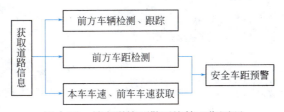

图 8-36　前向碰撞预警系统的工作原理

（4）前向碰撞预警系统的应用

前向碰撞预警系统较多地应用在本田、英菲尼迪、沃尔沃、奔驰、丰田等车上。对于汽车碰撞预警的研究，最早起源于日本，从 1999 年起，本田、丰田和日产三大整车企业便开始开发自己的前向碰撞预警系统。其中，最早在车上装配该系统的是美版本田雅阁，当初称之为碰撞缓解制动系统（CMBS），该系统一直在本田产品中被沿用至今。

经过二十多年的发展，本田的碰撞缓解制动系统已经在新雅阁、享域、锋范、UR-V 的大部分车型配置中装配，并被定义为一种预测碰撞、主动预防的安全技术系统。

碰撞缓解制动系统通过微波雷达（检测障碍物的位置及速度）和单眼摄像机（检测障碍物的大小和形状），感应并识别前方车辆、对向车辆和行人。当与车辆和行人可能发生碰撞危险时，系统通过警示音和仪表盘显示提醒驾驶者采取规避措施；当与前方车辆和行人更加接近时，系统实施轻微制动，以体感形式再次提醒驾驶者对车辆进行操作；当车辆进一步接近时，系统会实施强力制动，以辅助驾驶者规避碰撞及减轻伤害。具体工作过程，如图 8-37 所示。

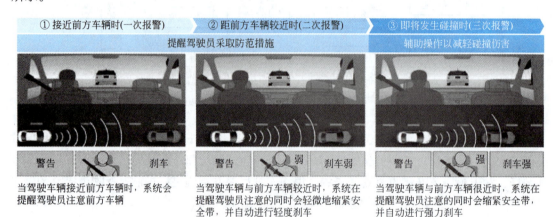

图 8-37　碰撞缓解制动系统（CMBS）

前向碰撞预警系统逐渐在国产车型中应用，吉利将其称为城市预碰撞安全系统。该系统前方通过前保险杠下方的中距离毫米波雷达扫描前方路面，如图 8-38 所示，在前方车辆突然刹车或减速而驾驶者并未及时作出反应的情况下，城市预碰撞安全系统会主动提醒驾驶者刹车或自动进行刹车以避免碰撞发生。同时，在刹车过程中系统会监测刹车力与前车距离的关系，在刹车力不足的情况下进行辅助刹车，最大限度上避免碰撞发生。

图 8-38　吉利城市预碰撞安全系统

8.3.2　汽车车道偏离预警系统

（1）车道偏离预警系统的定义

车道偏离预警系统（Lane Departure Warning System，LDWS）根据前方道路环境和本车位置关系，判断车辆偏离车道的行为并对驾驶员进行及时提醒，从而防止由于驾驶员疏忽造成的车道偏离事故的发生，如图 8-39 所示。

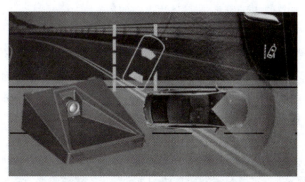

图 8-39 车道偏离预警系统示意图

它通过传感器获取前方道路信息，结合车辆自身的行驶状态以及预警时间等相关参数，判断汽车是否有偏离当前所处车道的趋势。如果在驾驶员没有开转向灯的情况下，车辆即将发生偏离，则通过视觉、听觉或触觉的方式向驾驶员发出警报。

（2）车道偏离预警系统的组成

车道偏离预警系统主要由信息采集单元、电子控制单元和人机交互单元等组成，如图 8-40 所示。在该系统中，所有的信息均以数字信号的形式进行传递，通过汽车总线技术实现。

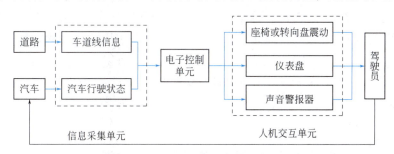

图 8-40 车道偏离预警系统的组成

① 信息采集单元。信息采集单元主要用于实现车道线信息和汽车自身行驶状态信息的采集。目前基于视觉传感器的车道偏离系统应用较为广泛。汽车自身行驶状态采集的信息主要包括速度、加速度、转向角等数据。在完成所有信息数据的采集后，信息采集单元需对数据进行模/数转换，并传输给电子控制单元。

② 电子控制单元。电子控制单元是整个系统的核心部分，需要对所有的数据进行集中处理。在处理车道线信息时，由于传感器存在测量误差，因此需要对其进行误差修正，最后综合判断汽车是否存在非正常偏离车道的现象。如果发生非正常偏离，就发出报警信息。

③ 人机交互单元。人机交互单元通过仪表显示界面、语音提示、座椅或转向盘震动等一种或多种方式向驾驶员提示系统当前的状态。当存在车道偏移时，提醒驾驶员及时修正行驶方向，并可以根据偏移量的大小实现不同程度的预警效果。

（3）车道偏离预警系统的工作原理

车道偏离预警系统的工作原理如图 8-41 所示。当车道偏离预警系统开启时，摄像头会时刻采集行驶车道的标识线，通过图像处理获得汽车在当前车道中的位置参数。当检测到汽车偏离车道时，传感器会及时收集车辆数据和驾驶员的操作状态，之后由控制器发出警报信号，整个过程大约在 0.5s 完成,为驾驶员提供更多的反应时间。而如果驾驶员打开转向灯,正常进行变线行驶,那么车道偏离预警系统不会做出任何提示。

(4)车道偏离预警系统的应用

目前在中国市场销售的多数豪华车大多数都搭载了车道偏离预警系统,例如进口奔驰新 E 级,沃尔沃 XC60 等高端车型。值得注意的是,国产自主品牌汽车也开始搭载车道偏离预警系统,并逐渐向所有车型上普及。需要注意的是不同车型的开启方式不同,有些可在行车全程中自动开启,有些需要手动开启,有些则需要在车速达到一定条件后才能自动开启。

(a)摄像头采集行驶车道标识线　　　　　　(b)系统工作过程示意图

图 8-41　车道偏离预警系统示意图

车道偏离预警系统装车率较高的是日系车。丰田推出的 Toyota Safety Sense 智行安全系统(规避碰撞辅助套装)中便包含车道偏离预警系统,在卡罗拉、凯美瑞等部分车型版本中均有装配。该系统在车速高于 60km/h 时启动,主要使用位于驾驶室顶部的前视摄像头对车道线的信息进行实时提取,当出现车道偏离现象时,发出声音警报。但如果驾驶员是提前打开转向灯,正常进行变线行驶的,那么车道偏离预警系统就不会做出任何提示。丰田卡罗拉车道偏离预警系统如图 8-42 所示。

图 8-42　卡罗拉车道偏离预警系统

哈弗 F7 车道偏离预警系统如图 8-43 所示。哈弗 F7 启动发动机后,按下车道偏离预警系统按钮,可在视听系统显示屏上调出智能驾驶控制界面,在界面上开启或关闭此功能。由于车道偏离预警功能是为车辆在高速公路和其他条件良好的公路上行驶而设计的,所以当车速在 60～140km/h 范围内时,系统才开始工作。

吉利博越车道偏离预警系统如图 8-44 所示。吉利博越通过挡风玻璃后方摄像头实时监测前方车道线,当车辆出现非主动偏航时,及时警示驾驶者,避免危险发生。

图 8-43 哈弗 F7 车道偏离预警系统

图 8-44 吉利博越车道偏离预警系统

福特的新蒙迪欧中也有配备车道偏离预警系统，该系统在每次启动后便会自动开启，驾驶员也可以选择手动关闭或再次开启。当驾驶员在未开启转向灯的情况下，系统判定驾驶员对于即将越过车道标线的情况没有采取任何修正的转向时，会在仪表盘中发出提醒。

8.3.3 汽车盲区监测系统

（1）汽车盲区监测系统的定义

所谓车辆盲区，是指驾驶员位于正常驾驶座位置，其视线被车体遮挡而不能直接观察的视野。排除人为遮挡造成的因素，不同车型的盲区会有略微差别，总体来说，车辆盲区主要包括四大区域，即车头盲区，车尾盲区，后视镜盲区和 A、B、C 柱盲区，如图 8-45 所示。

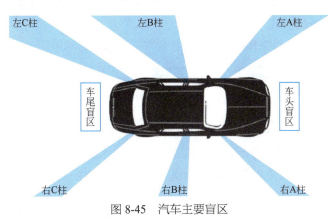

图 8-45 汽车主要盲区

① 车头盲区。车头盲区即发动机盖前方看不到的区域。

② 车尾盲区。车尾盲区是指从车内后视镜向后观察车辆后方情况时，处于视野外的地方。

③ 后视镜盲区。后视镜（外）盲区：车辆两边的后视镜虽可看到车身两侧的情况，却不能完全地看到车身周围的全部信息。后视镜（内）盲区：位于车身两侧靠近车门的一个区域，因位置较低，后视镜难以观察到。

④ A、B、C柱盲区。由于挡风玻璃两侧的A、B、C柱遮挡形成的盲区。A柱即驾驶员左前方和右前方的柱，是连接车篷和车身的柱子；B柱则是驾驶员后方的安全带一段固定的柱子，也是分为左右两侧；C柱则是后挡风玻璃两侧的立柱，同样分为左右两侧。

所谓盲区监测（BSD）系统，是通过超声波、摄像头、探测雷达等车载传感器检测视野盲区内有无来车，在左右两个后视镜内或其他地方通过声音、灯光等方式提醒驾驶员后方安全范围内有无来车，从而消除视线盲区，提高行车的安全性，如图8-46所示。盲区监测（BSD）系统也称汽车并线辅助（LCA）系统，是汽车上的一款安全类的高科技配置。

图 8-46　盲区监测系统

目前很多车型都有盲区监测的功能配置。汽车盲区检测除检测车辆以外，还包括对城市道路上汽车盲区内行人、骑行者的检测，以及对高速公路弯道的检测与识别等。

盲区监测系统应具备以下功能：

① 当有车辆或行人进入驾驶员视野盲区时，盲区监测系统应给予驾驶员提醒。

② 盲区监测系统应在驾驶员进行换道操作时对其进行辅助，监测其他车道上快速接近的后方来车，当驾驶员因对驾驶环境误判而可能做出危险的驾驶行为时，盲区监测系统应发出警报。

③ 理想状态下，在任何路况、天气和交通环境下，盲区监测系统都能正常工作。

（2）盲区监测系统的组成

盲区监测系统一般由信息采集单元、电子控制单元和预警显示单元等组成，如图8-47所示。

图 8-47　盲区监测系统的组成

① 信息采集单元。信息采集单元利用车载传感器检测汽车盲区里是否有行人或其他行驶车辆，并把采集到的有用信息传输给电子控制单元，传感器有超声波雷达、摄像头或探测雷达等。后视镜盲区的信息采集单元一般采用毫米波雷达，A柱盲区的信息采集单元一般采用摄像头。

② 电子控制单元。电子控制单元对采集到的信息进行分析判断，向预警显示单元发送信息。

③ 预警显示单元。预警显示单元接收电子控制单元的信息，如果有危险，则发出预警显示，此时不可变道。

（3）盲区监测系统的工作原理

盲区监测系统通过安装在车辆尾部或侧方的传感器检测后方来车或行人，传感器有视觉传感器、毫米波雷达等。

当汽车速度大于某一阈值时，例如10km/h，盲区监测系统自动启动，如果监测范围内有车辆或行人，就会被信息采集单元监测到，计算出目标的距离、速度等信息，并将采集到的信息传递给电子控制单元；电子控制单元根据收到的信息判断进入监测范围内的车辆或行人是否对本车造成威胁，如果存在安全隐患，则通过预警显示单元提醒驾驶员，并根据危险程度、驾驶员的反应提供不同的预警方式。

盲区监测系统一级警告如图8-48所示，当电子控制单元认为存在驾驶风险时，预警显示单元会通过安装在两侧后视镜中的LED显示灯告知驾驶员。如果此时驾驶员没有注意到系统提醒，开转向灯准备变道，预警显示单元会通过LED发送一个闪光信号并发出蜂鸣声来警告驾驶员，避免交通事故的发生，此为盲区监测系统二级警告，如图8-49所示。

图8-48　盲区监测系统一级警告

图8-49　盲区监测系统二级警告

（4）盲区监测系统的应用

不同汽车厂商的盲区监测系统各具特色，命名方式也不尽相同，其差异主要是所用的环境感知传感器不同、预警显示单元的反应不同。

① 沃尔沃的盲点信息系统。沃尔沃从2005年起就率先在XC70、V70和S60等车型上安装了盲区监测系统，称为盲点信息系统（BLIS），此后沃尔沃的全系车型都相继采用这套系统。

沃尔沃的盲点信息系统利用安装在外后视镜根部的摄像头进行环境信息采集，如图8-50所示。该系统对距离3m宽、9.5m长的一个扇形盲区进行25帧/s的图像监控，如图8-51所示。如果有速度大于10km/h，且与车辆本身速度差为20～70km/h的移动物体（车辆或行人）进入该盲区，系统对比每帧图像，当系统认为目标进一步接近时，A柱上的警示灯就会亮起，防止出现事故。

图 8-50　盲区传感器安装位置

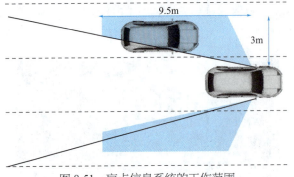

图 8-51　盲点信息系统的工作范围

沃尔沃的盲点信息系统也存在缺陷，由于其基于可见光成像系统采集图像，当能见度极差，如大雾或暴风雪天气时，系统便无法工作，不过此时盲点信息系统也会对驾驶员有相应提示。

② 新蒙迪欧 BLIS 盲点监测系统。新蒙迪欧 BLIS 盲点监测系统检测信号源位于车辆尾部，通过雷达监测后方来车。BLIS 盲点监测系统检测范围为 15m，也就是说外部车辆在进入本车辆 15m 范围内的时候就会受到监控，若系统判断两辆车的距离过近，无论该车是否位于盲区，无论驾驶员有没有打转向灯，位于外后视镜处的一个小圆点指示灯都会发亮以起到警示的作用，如图 8-52 所示。

图 8-52　新蒙迪欧 BLIS 盲点监测系统

新蒙迪欧 BLIS 盲点监测系统信息调整可通过仪表盘中央显示主菜单里面的辅助驾驶栏目找到，点击进入栏目可调节预警方式、预警灵敏度等内容。

8.3.4 驾驶员疲劳监测系统

（1）驾驶员疲劳监测系统的定义

驾驶员疲劳监测系统（Driver Fatigue Monitor System，DFMS）是指驾驶员精神状态不佳或进入浅层睡眠时，系统会依据驾驶员精神状态指数分别给出语音提示、振动提醒、电脉冲警示等，警告驾驶员已经进入疲劳状态，需要休息。其功用是监视并提醒驾驶员自身的疲劳状态，减少驾驶员疲劳驾驶的潜在危害。图 8-53 所示为通过摄像头监视驾驶人的面部特征来进行疲劳监测的系统。

	闭眼预警	当驾驶员在驾驶过程中处于闭眼状态并持续1.5s时，系统会发出预警	打哈欠预警	当驾驶员出现打哈欠的行为并持续0.5s时，系统会发出预警
	低头预警	当驾驶员因疲劳或分神出现低头情况并持续1.0s时，系统会发出预警	左顾右盼预警	当检测到驾驶员存在视线偏移(持续1.0s)时候，系统会发出预警

图 8-53　驾驶员疲劳监测系统

驾驶员疲劳监测系统也称为防疲劳预警系统、疲劳识别系统、注意力警示辅助系统、驾驶员安全警告系统（DAC）等。

（2）驾驶员疲劳监测系统的组成

驾驶员疲劳监测系统一般由信息采集单元、电子控制单元（ECU）和预警显示单元等组成，如图 8-54 所示。

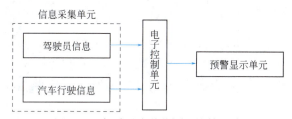

图 8-54　驾驶员疲劳监测系统的组成

① 信息采集单元。信息采集单元主要利用传感器采集驾驶员信息和汽车行驶信息，驾驶员信息包括驾驶员的面部特征、眼部信号、头部运动性等；汽车行驶信息包括转向盘转角、行驶速度、行驶轨迹等，这些信息的采集取决于系统的设计，如可以采用摄像头采集驾驶员面部特征、眼部信号、头部运动性。

② 电子控制单元。ECU 接收信息采集单元传送的信号，进行运算分析，判断驾驶员疲劳状态；如果经计算分析发现驾驶员处于一定的疲劳状态，则向预警显示单元发出信号。

③ 预警显示单元。预警显示单元根据 ECU 传递的信息，通过语音提示、振动提醒、电脉冲警示等方式对驾驶员疲劳进行预警。

（3）驾驶员疲劳监测系统实现原理

车内驾驶员疲劳监测技术，本质上是在行驶过程中捕捉并分析驾驶员的生物行为信息（生理信号、生理反应特征、驾驶行为）的技术。

① 生理信号检测。驾驶员在疲劳状态下，一些生理指标如脑电、心电、肌电、脉搏、呼吸等会偏离正常状态，因此，可以通过生理传感器检测驾驶员的这些生理指标来判断驾驶员是否处于疲劳状态。基于驾驶员心电监测的疲劳监测，如图 8-55 所示，然而由于心跳活动监测受到一定条件的限制，目前没有在车内批量应用。

图 8-55　基于驾驶员心电监测的疲劳监测

② 生理反应特征检测。利用机器视觉技术检测驾驶员面部的生理反应特征，如眼动特征、视线方向、嘴部状态、头部运动特征等来判断驾驶员疲劳状态。基于眼动特征进行驾驶疲劳监测如图 8-56 所示，这一方法正渐渐被整车厂商接受并采用。

图 8-56　基于眼动特征进行驾驶疲劳监测

③ 驾驶行为检测。从驾驶员对汽车的操控，如操控转向盘情况去间接判断驾驶员是否疲劳。通过分析转向盘操作的差异性，间接推测驾驶员的疲劳状态。基于转向盘参数进行驾驶疲劳监测如图 8-57 所示，这种方式受驾驶员驾驶习惯影响极大。

④ 信息融合检测。由于驾驶人个体的差异性及疲劳是一种复杂且个性化的生理现象，因此不同驾驶人疲劳时的外在表现特征不同，同时由于驾驶环境差别及光照的影响，单一的检测手段极易受到干扰，检测结果随时间和地点的变化会出现较大波动，准确率和可靠性难以得到保证。所以多特征信息融合检测是驾驶员疲劳监测的发展方向。

依据信息融合检测技术（融合以上两种或多种方法），将基于驾驶员生理特征、生理反应、驾驶行为、车辆行驶状态相结合是理想的检测方法，大大降低了采用单一方法造成的误警或漏警现象。信息融合技术的应用，使驾驶员疲劳监测技术得到更进一步的发展和提高，能客观、实时、快捷、准确地判断出驾驶员的疲劳状态，避免疲劳驾驶所引起的交通事故。

图 8-57 基于转向盘参数进行驾驶员疲劳监测

基于信息融合的检测方法如图 8-58 所示，红外线摄像机持续地记录驾驶人的眨眼频率以及每次闭眼的时长，同时还考虑到汽车速度、加速度、转向盘转动的角度以及转向灯和踏板的使用情况等多种因素。如果检测到疲劳状态，系统就会发出预警。

图 8-58 基于信息融合进行驾驶员疲劳监测

（4）驾驶员疲劳监测系统的应用

① 监控心率和车辆状态（现代）。现代研发了一套用于防止疲劳驾驶的系统，它是通过监控驾驶员心率和车辆行驶状态进行检测的。例如，当驾驶者心率低于正常值或者车辆忽左忽右地前行时，系统就会判定为疲劳驾驶并发出警告。

② 记录眼睛及面部状态（雷克萨斯）。丰田汽车选择通过监测驾驶员眼睛及面部表情来判定驾驶员是否处于疲劳驾驶状态。

丰田旗下的高端车品牌雷克萨斯的一些车型，例如 LS600hL 可选配驾驶员注意力监视器，通过安装在转向杆周围的红外 LED 显示器来记录驾驶员的面部表情，如果出现不断眨眼、长时间闭眼、视线偏离的情况，警报就会响起。

③ 全面监控驾驶行为（奔驰）。奔驰在防止疲劳驾驶方面也有着自己的一套注意力警示系统。这套系统会首先采集驾驶员从刚开始开车的 15～20min 内的驾驶行为，并为其建档。在行驶过程中，通过车辆上配备的一系列传感器，驾驶员的每一个指令都会被监控，有 72 项不同的数据会被持续不断地记录在车载电脑里，包括行驶时间、转向角、速度、加速度、

以及驾驶员在驾驶时的各种举动。系统会对这些数据进行监测,然后与档案中的信息进行对比。

如果系统确定驾驶员处于疲劳驾驶状态,系统会激活警报。这套系统在车速达到 60km/h 时开始启动。目前该系统已经配备在奔驰 C、CL、E、GLK、S、GL、SLK、SL 级车型上。

④ 监控转向动作(大众)。大众则是通过监控驾驶员转向动作来确定驾驶员是否处于疲劳状态。这个疲劳程度是取决于来自转向角传感器或电子助力转向系统的信息。根据这些信息,驾驶员疲劳监测系统会不断分析驾驶员的转向行为来确认其状态,计算出疲劳指数。如果指数超过一个特定值,且车速超过 65km/h,系统会判定驾驶员精力集中不够,有疲劳驾驶的迹象。

这时候,系统会利用声音和显示来提示。如果 15min 内驾驶员仍不休息,系统会发出第二次警告。除了警告之外,驾驶员疲劳度的相关数据可以被车辆中的其他系统利用。例如与导航系统结合,显示出下一个能够停车或休息的地点。帕萨特 Alltrack 全系标配该系统。

⑤ 相关产品(伊路安行疲劳驾驶预警系统 MR688)。伊路安行疲劳驾驶预警系统 MR688 如图 8-59 所示,该系统采用独特的瞳孔识别技术检测分析瞳孔的变化特征,判断司机是否出现疲劳或者注意力不集中的状况,一旦系统检测到司机正在疲劳或分心驾驶状态下,MR688 会立即发送报警信号提醒司机。

图 8-59 伊路安行疲劳驾驶预警系统 MR688

8.4 主动控制类 ADAS

8.4.1 汽车车道保持辅助系统

(1)车道保持辅助系统定义

车道保持辅助系统(Lane Keeping Assist System,LKAS)是由车道偏离预警系统发展而来。它可以在车道偏离预警系统的基础上对转向系统进行控制,辅助车辆保持在本车车道内行驶。车辆行驶时借助一个信息采集单元(如摄像头)识别行驶车道的标识线,为车辆保持在车道上提供支持。如果车辆接近识别到的标记线并可能脱离行驶车道,那么会通过转向盘的振动或者是声音示警来提请驾驶员注意,并轻微转动转向盘修正行驶方向,使车辆处于正确的车道上;若转向盘长时间检测到无人主动干预,则发出警报,用来提醒驾驶员。车道保持辅助系统示意图如图 8-60 所示。

图 8-60　车道保持辅助系统

如果是驾驶员主动正常变道的话,在变道之前打开了转向灯,那么车道保持辅助系统就不会介入,其系统的判断依据就是来源于是否打了转向灯。

(2)车道保持辅助系统的组成

车道保持辅助系统主要由信息采集单元、电子控制单元和执行单元等组成,如图 8-61 所示。在系统工作期间,驾驶员将会接收车道偏离的报警信息,并选择对转向系统和制动系统中的一项或多项动作进行控制,也可交由系统完全控制。系统中所有的信息均以数字信号的形式进行传递,通过汽车总线技术实现。

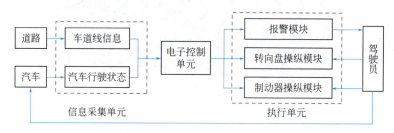

图 8-61　车道保持辅助系统的组成

① 信息采集单元。信息采集单元在车道保持辅助系统中的功能与车道偏离预警系统的功能相似,主要通过车载传感器采集车道线信息和汽车自身行驶信息并发送给电子控制单元。

② 电子控制单元。电子控制单元主要通过特定的算法对信息进行处理,并判断是否做出车道偏离修正的相应操作。该单元性能直接影响车道偏离修正的及时性,因此在选择中央处理器和设计控制算法时,要着重考虑运算能力和运算速度。

③ 执行单元。执行单元主要分为 3 个部分,即报警模块、转向盘操纵模块和制动器操纵模块。其中报警模块与车道偏离预警系统类似,通过转向盘或座椅振动、仪表盘显示、声音警报中的一种或多种形式实现。转向盘操纵模块和制动器操纵模块是车道保持辅助系统中特有的,其主要实现横向运动和纵向运动的协同控制,并保证汽车在车道保持辅助系统工作期间具有一定的行驶稳定性。

(3)车道保持辅助系统的工作原理

车道保持辅助系统可以在行车的全程或速度达到某一阈值后开启,并可以手动关闭,实时保持汽车的行驶轨迹。当系统正常工作时，信息采集单元通过车载传感器采集车道线、车速、转向盘转角等信息，电子控制单元对这些信息进行处理，比较车道线和汽车的行驶方向，判断汽车是否偏离行驶车道。

当汽车行驶可能偏离车道时，发出报警信息；当汽车距离偏离侧车道线小于一定阈值或已经有车轮偏离出车道线时，电子控制单元计算出辅助操舵力和减速度，根据偏离的程度控制转向盘和制动器的操纵模块，施加操舵力和制动力使汽车稳定地回到正常轨道；若驾驶员打开转向灯，正常进行变线行驶，则系统不会做出任何提示。

车道保持辅助系统的工作过程如图 8-62 所示。车辆在位置①时未偏离车道；在位置②时若未使用转向灯，则发出警报声响；在位置③时若车辆继续偏离车道，且驾驶者没有理会警报，LKA 系统会和缓地将车辆导回原有车道。车道保持辅助系统是系统主动进行车道偏离纠正的过程，最终使汽车重新处于正确的行驶轨迹上。经过该过程，车道保持辅助系统完成了一个完整的工作周期。

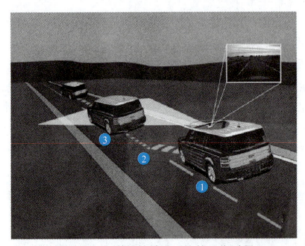

图 8-62　车道保持辅助系统的工作过程

（4）车道保持辅助系统的应用

早在 2001 年，东风日产就率先将该配置放在了西玛和英菲尼迪 Q45 上面，随后丰田、本田也纷纷拿出了各自的 LKA 系统。目前车道保持辅助系统在日系车中装配率较高，本田已在 LIFE、ENVIX 享域、CR-V、艾力绅、奥德赛等车型上应用车道保持辅助系统。

① 本田车道保持辅助系统。本田车道保持辅助系统主要通过单眼摄像机识别车道两侧的行车线，并辅助施加转向盘转向操作，使车辆始终保持在车道中间行驶，车道保持辅助系统（LKAS）可以大幅缓解驾驶员高速行驶时的驾驶疲劳。当系统判断车辆可能偏离车道时，系统会辅助进行转向盘转向，使车辆始终沿着行车道中间行驶，如图 8-63 所示。

② 大众 CC 车道保持辅助系统。大众 CC 也搭载有车道保持辅助系统，如图 8-64 所示。其原理是通过紧贴在前挡风玻璃上的数字式灰度摄像头实时拍摄前方道路上的左右车道线，对其进行监控。拍摄到的图像由计算机转换成信息数据并进行处理，分析汽车是否行驶在车道线的中间。若车辆的偏移量超出了允许值，便会向电动助力转向系统（EPS）发出修舵动作指令，加以干预纠正，汽车便会自动回到两条车道线中间来。如果遇到弯度较大的弯道且车道线清晰，汽车也会自动沿着弯道转弯行驶。

图 8-63 本田车道保持辅助系统

图 8-64 大众 CC 车道保持系统

8.4.2 汽车紧急自动制动系统

（1）紧急自动制动系统的定义

紧急自动制动（Autonomous Emergency Braking，AEB）系统，是指车辆在非自适应巡航的情况下正常行驶，如果遇到突发危险情况或与前车及行人距离小于安全距离时主动进行制动（但具备这种功能的车辆并不一定能够将车辆完全停住）避免或减少追尾等碰撞事故的发生，从而提高行车安全性的一种技术。紧急自动制动系统如图 8-65 所示。

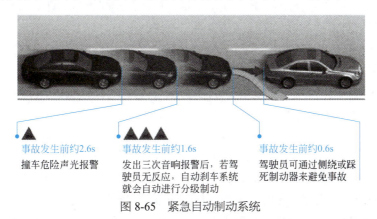

图 8-65 紧急自动制动系统

一般来说，AEB 由两个系统组成，包括车辆碰撞迫近制动（CIB）系统和动态制动支持

（DBS）系统，其中 CIB 系统会在追尾以及驾驶员未采取任何行动的情况下，紧急制动车辆，而 DBS 在驾驶员没有施加足够的制动行动时，会给予帮助避免碰撞。

紧急自动制动系统在不同的厂家有着不同的名字，例如丰田的预碰撞安全系统（Pre-Collision System，PCS）、本田的碰撞缓解制动系统（Collision Mitigation Brake System，CMBS）以及奔驰的 Pre-Safe 系统等，但工作原理是相同的。

（2）紧急自动制动系统的组成

紧急自动制动系统主要由行车环境信息采集单元、电子控制单元和执行单元等组成，如图 8-66 所示。

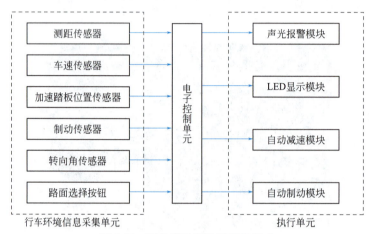

图 8-66 紧急自动制动系统的组成

① 行车环境信息采集单元。行车环境信息采集单元由测距传感器、车速传感器、加速踏板位置传感器、制动传感器、转向角传感器、路面选择按钮等组成，对行车环境进行实时监测，得到相关行车信息。测距传感器用来检测本车与前方目标的相对距离以及相对速度。目前，常见的测距技术分别是视觉传感器测距、毫米波雷达测距和激光雷达测距技术。由于成本限制因素，国内主要使用前两种。车速传感器用来检测本车的速度；加速踏板位置传感器用来检测驾驶员在收到系统提醒报警后是否及时松开加速踏板，对本车实行减速措施；制动传感器用来检测驾驶员是否踩下制动踏板，对本车实行制动措施；转向角传感器用来检测车辆目前是否正处于弯道路面行驶或超车状态，系统凭此来判断是否需要进行报警抑制；路面选择按钮是为了方便驾驶员对路面状况信息进行选择，从而方便系统对报警距离的计算。需要采集的信息因系统不同而不同。所有采集到的信息都将被送往电子控制单元。

② 电子控制单元。电子控制单元接收行车环境信息采集单元的检测信号后，综合收集到的数据信息，依照一定的算法程序对车辆行驶状况进行分析计算，判断车辆所适用的预警状态模型，同时对执行单元发出控制指令。

③ 执行单元。执行单元可以由多个模块组成，如声光报警模块、LED 显示模块、自动减速模块和自动制动模块等，根据系统不同而不同。它用来接收电子控制单元发出的指令，并执行相应的动作，达到预期的预警效果，实现相应的车辆制动功能。当系统检测到存在危险状况时，首先进行声光报警，提醒驾驶员；当系统发出提醒报警之后，如果驾驶员没有松开加速踏板，则系统会发出自动减速控制指令；若减速之后系统检测到危险仍然存在，说明目前车辆行驶处于极度危险的状况，需要对车辆实施自动强制制动。

（3）紧急自动制动系统的工作原理

汽车 AEB 系统采用测距传感器测出自车与前车或障碍物的距离，然后利用电子控制单元将测出的距离与报警距离、安全距离等进行比较，小于报警距离时就进行报警提示，而小于安全距离时，即使在驾驶员没来得及踩制动踏板的情况下，AEB 系统也会启动，使汽车自动制动，从而为安全出行保驾护航。

（4）紧急自动制动系统的应用

目前奔驰、沃尔沃、大众、福特、斯巴鲁等品牌都有车型已经装备了紧急自动制动系统。其利用雷达、超声波、摄像头等设备探测前方道路，探测到有碰撞风险后车载电脑会自动紧急刹车。

奔驰紧急自动制动系统（带横向行人和车辆探测功能）如图 8-67 所示，该项安全配置为新 E 全系标配，它有助于避免与前方车辆和横向穿过的行人发生碰撞事故或减轻事故后果。为此，利用车头的雷达来检测车辆与前方障碍物的距离，当车辆与前方障碍物的距离很近时发出声音碰撞警告，如果驾驶员未作出反应，将主动刹车。以下对可能发生的 3 种交通状况下的奔驰紧急自动制动系统进行介绍。

图 8-67　奔驰紧急自动制动系统

① 有横向穿出的行人。当车辆以低于 50km/h 的速度行驶，且探测到有横向穿出的行人时，如果驾驶员没有对车辆采取反应，车辆是可以自动刹停的。因此完全刹停这项功能也被称为"防碰瓷"功能。

② 前方有慢速行驶的车辆。遇到前方慢行的车辆，且预见性地检测到有碰撞风险时，车辆会发出视听警报，此时驾驶员若仍无反应，车辆同样会采取自主制动，以避免碰撞的发生。

③ 前方有静止的车辆。当车辆以低于 80km/h 的速度接近前方静止的车辆时，车辆会自动探测并预知风险，同时发出视听警报，如果驾驶员没有反应，车辆会自动刹车，甚至刹停，避免追尾的发生。

沃尔沃全新 S60 城市安全系统（紧急自动制动系统）在车速低于 30km/h 时，如果前面的车辆突然停车或减速，且驾驶员精力不集中未能及时作出反应，该系统可对汽车进行自动刹车。低速追尾碰撞占全部碰撞事故的 50% 以上。车速在低于 15km/h 时，沃尔沃城市安全系统启动后可以使车辆自动制动，避免碰撞；车速在 15～30km/h 之间时，该系统可明显降低车速，从而减轻碰撞事故的后果。

8.4.3　汽车自适应巡航系统

（1）自适应巡航系统的定义

自适应巡航（Adaptive Cruise Control，ACC）也可称为主动巡航。在自适应巡航系统中，系统利用低功率雷达或红外线光束得到前车的确切位置，如果发现前车减速或监测到新目标，系统就会发送执行信号给发动机或制动系统来降低车速，从而使车辆和前车保持一个安全的行驶距离。当前方道路障碍清除后又会加速恢复到设定的车速，雷达系统会自动监测下一个目标。自适应巡航控制系统代替司机控制车速，避免了频繁取消和设定巡航控制。自适应巡航系统适合于多种路况，为驾驶者提供了一种更轻松的驾驶方式。

自适应巡航系统如图 8-68 所示。在自适应巡航控制系统工作状态下，当雷达侦测到前方有慢车时，会开始减速，将车速调节至与前方车辆相同，并保持安全距离；当前方车辆离开后，再将车速调回到预先设定的车速。

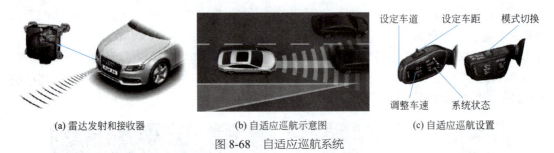

(a) 雷达发射和接收器　　(b) 自适应巡航示意图　　(c) 自适应巡航设置

图 8-68　自适应巡航系统

（2）自适应巡航控制系统的组成

燃油汽车 ACC 系统主要由信息感知单元、电子控制单元（ECU）、执行单元和人机交互界面等组成，如图 8-69 所示。

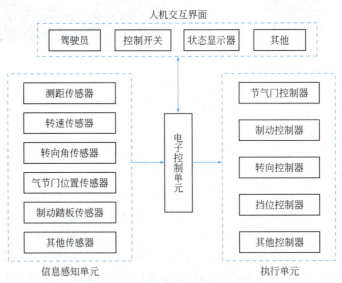

图 8-69　燃油汽车 ACC 系统的组成

① 信息感知单元。信息感知单元主要用于向电子控制单元（ECU）提供 ACC 所需要的各种信息，主要由测距传感器、转速传感器、转向角传感器、节气门位置传感器、制动踏板传感器等组成。测距传感器用来获取主车与前方目标车辆之间的距离信号，一般使用激光雷达或毫米波雷达，也有使用视频传感器的；转速传感器用于获取实时车速信号，一般使用霍尔式转速传感器；转向角传感器用于获取汽车转向信号；节气门位置传感器用于获取节气门开度信号；制动踏板传感器用于获取制动踏板动作信号。

② 电子控制单元。电子控制单元根据驾驶员所设定的安全车距及车速，结合信息感知单元传送来的信息确定主车的行驶状态，决策出汽车的控制策略，并输出节气门开度和制动压力信号给执行单元。例如，当主车与前方的目标车辆之间的距离小于设定的安全车距时，电子控制单元计算实际车距和安全车距之差及相对速度的大小，选择减速方式，或通过报警器向驾驶员发出报警，提醒驾驶员采取相应的措施。

③ 执行单元。执行单元主要执行电子控制单元发出的指令，实现主车速度和加速度的调整。它包括节气门控制器、制动控制器、转向控制器和挡位控制器等，节气门控制器用于调整节气门的开度，使汽车加速、减速及定速行驶；制动控制器用于控制制动力矩或紧急情况下的制动；转向控制器用于控制汽车的行驶方向；挡位控制器用于控制汽车变速器的挡位。

④ 人机交互界面。人机交互界面用于驾驶员设定系统参数及系统状态信息的显示等。驾驶员可通过设置在仪表盘或转向盘上的人机界面启动或清除 ACC 系统控制指令。启动 ACC 系统时，要设定主车与目标车辆之间的安全车距以及在巡航状态下的车速，否则 ACC 系统将自动设置为默认值，但所设定的安全车距不可小于设定车速下交通法规所规定的安全车距。

电动汽车 ACC 系统也由信息感知单元、电子控制单元（ECU）、执行单元和人机交互界面等组成，如图 8-70 所示，电动汽车相对于燃油汽车，其 ACC 系统的信息感知单元没有节气门位置传感器，执行单元没有节气门控制器和挡位控制器，相应增加了电动机控制器和再生制动控制器。信息感知单元将传感器测量的距离、速度和加速度等信号输入到电子控制单元；电子控制单元对主车行驶环境及运动状态进行分析、计算、决策，输出转矩和制动压力信号；执行单元用于完成电子控制单元的指令，通过电动机控制器和制动控制器来调节主车的行驶速度；人机交互界面为驾驶员对系统的运行进行观察和干预控制提供操作界面。

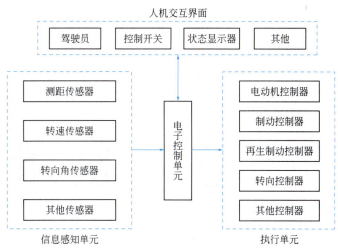

图 8-70 电动汽车 ACC 系统的组成

（3）自适应巡航控制系统的工作原理

① 燃油汽车 ACC 系统的工作原理。燃油汽车 ACC 系统的工作原理如图 8-71 所示。驾驶员启动 ACC 系统后，汽车在行驶过程中，安装在汽车前部的测距传感器持续扫描汽车前方道路，同时，转速传感器采集车速信号。如果主车前方没有车辆或与前方目标车辆距离很远且速度很快时，控制模式选择模块就会激活巡航控制模式，ACC 系统将根据驾驶员设定的车速

和转速传感器采集的本车速度自动调节加速踏板等，使主车达到设定的车速并巡航行驶；如果目标车辆存在且离主车较近或速度很慢，控制模式选择模块就会激活跟随控制模式，ACC 系统将根据驾驶员设定的安全车距和转速传感器采集的本车速度计算出期望车距，并与测距传感器采集的实际距离比较，自动调节制动压力和节气门开度等使汽车以一个安全车距稳定地跟随前方目标车辆行驶。同时，ACC 系统会把汽车目前的一些状态参数显示在人机界面上，方便驾驶员判断，且装有的紧急报警系统会在 ACC 系统无法避免碰撞时及时警告驾驶员，并由驾驶员处理紧急状况。

图 8-71　燃油汽车 ACC 系统的工作原理

② 电动汽车 ACC 系统的工作原理。电动汽车 ACC 系统的工作原理如图 8-72 所示，它与燃油汽车 ACC 系统工作原理基本一样，唯一区别是：燃油汽车是控制节气门开度，调节发动机输出转矩；电动汽车是控制电动机转矩，调节电动机的输出转矩，而且增加了再生制动控制。

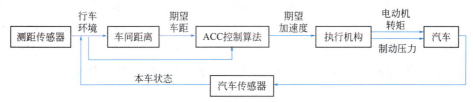

图 8-72　电动汽车 ACC 系统的工作原理

（4）自适应巡航控制系统的工作模式

自适应巡航控制系统的工作示意图，如图 8-73 所示，共有 4 种典型的操作，即定速控制、减速控制、跟随控制和加速控制。图中假设主车辆设定车速为 100km/h，目标车辆行驶速度为 80km/h。

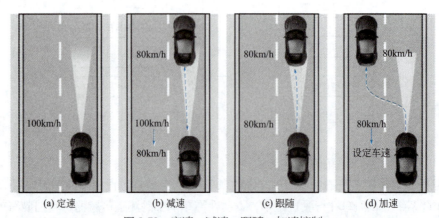

图 8-73　定速、减速、跟随、加速控制

① 定速控制如图 8-73（a）所示，当前方无车辆时，主车将处于普通的巡航驾驶状态，按

照驾驶员设定的车速匀速行驶（100km/h），驾驶员只需要进行方向的控制。

② 减速控制如图 8-73（b）所示，当车辆前方出现目标车辆时，如果目标车辆的速度（80km/h）小于主车时，主车将自动开始进行减速控制（100km/h 降到 80km/h），确保两车的距离为所设定的安全距离。

③ 跟随控制如图 8-73（c）所示，当两车之间的距离等于安全车距时，采取跟随控制，即与目标车辆以相同的车速行驶（80km/h）。

④ 加速控制如图 8-73（d）所示，当前方的目标车辆发生移线，或主车移线行驶使得主车前方无行驶车辆时，自适应巡航控制系统将对主车进行加速控制，使主车恢复至设定的行驶速度（100km/h）。

汽车 ACC 系统分为基本型和全速型，全速型自适应巡航控制系统实际上是在基本型的基础上实现停车 / 起步功能，以应对在城市中行驶时频繁的停车和起步（启动）情况。自适应巡航控制系统的这种扩展功能，可以使汽车在非常低的车速时也能与前车保持设定的距离。当前方车辆起步后，自适应巡航控制系统会提醒驾驶者，驾驶者通过踩油门踏板或按下按钮发出信号，车辆就可以起步行驶。

① 停车控制如图 8-74（a）所示。若目标车辆减速停车（80km/h → 0km/h），主车也减速停车（80km/h → 0km/h）。

② 启动控制如图 8-74（b）所示。若主车处于停车等待状态，当目标车辆突然启动（0km/h → 30km/h）时，主车也将启动，与目标车辆行驶状态保持一致（0km/h → 30km/h）。当驾驶员参与汽车驾驶后，ACC 系统自动退出对汽车的控制。

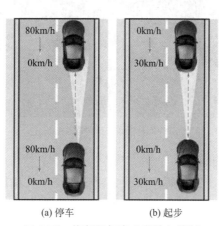

图 8-74　停车和起步（启动）控制

（5）自适应巡航系统的应用——长安 CS75 PLUS 自适应巡航系统

长安 CS75 PLUS 汽车采用新一代探测雷达的全速自适应巡航系统，如图 8-75 所示。当前车完全刹车后，本车也能够及时停住，如果前车继续前进，就算不用踩油门，车辆也能继续保持该功能，而且它车头的雷达探头能够感应到距离 100m 左右的前车，能够与前车持续保持安全距离，且对解放双脚、增强舒适感起到极大的帮助。

长安 CS75 PLUS 搭载的全速自适应巡航系统能实现 L2 级别的自动辅助驾驶，开启之后可以保持自动跟车及车道保持，过弯时也能自动降低车速，甚至可以在车道标线不清晰的道路上自动辅助划线。

图 8-75　长安 CS75 PLUS 全速自适应巡航系统

8.4.4　汽车自动泊车辅助系统

（1）自动泊车辅助系统的定义

自动泊车辅助系统是利用车载传感器探测有效泊车空间，并辅助控制车辆完成泊车操作的一种汽车先进驾驶辅助系统，如图 8-76 所示。相比于传统的电子辅助功能，比如倒车雷达、倒车影像显示等，自动泊车辅助系统智能化程度更高，减轻了驾驶员的操作负担，有效降低了泊车的事故率。

图 8-76　自动泊车辅助系统

（2）自动泊车辅助系统的组成

自动泊车辅助系统主要由信息感知单元、电子控制单元和执行单元等组成，如图 8-77 所示。

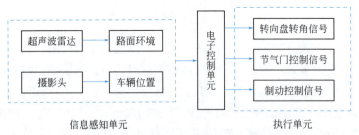

图 8-77　自动泊车辅助系统的组成

① 信息感知单元。信息感知单元是自动泊车的"眼睛"，它能通过超声波雷达和摄像头，识别周边的路面环境以及其他车辆的位置，从而将采集到的图像数据，以及周围物体离车身

的距离数据，传递给电子控制单元。

② 电子控制单元。电子控制单元则是自动泊车的系统核心，它能将信息感知单元上传的数据进行处理和分析，探知汽车当前的位置、目标的位置以及周边的环境，然后依据这些参数，规划好路径，并将指令输出到执行单元。

③ 执行单元。执行单元接收到电子控制单元的指令，就会精准控制转向盘的转动、节气门和制动器的状态，让汽车能按照规划好的路径运动，并随时准备在指令接收中断时紧急停车。

（3）自动泊车辅助系统的工作原理

不同品牌车型配置不同的自动泊车系统，具体操作会稍有不同。这里介绍其中的一种。

某一自动泊车辅助系统通过车载传感器扫描汽车周围环境，通过对环境区域的分析和建模，搜索有效泊车位，当确定目标车位后，系统提示驾驶员停车并启动自动泊车程序。系统根据所获取的车位大小、位置信息，由程序计算泊车路径，然后自动操纵汽车泊车入位。

该自动泊车辅助系统的工作过程大致如图 8-78 所示。

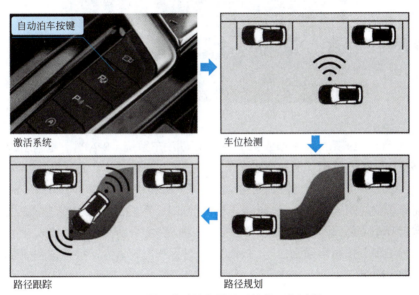

图 8-78 某一自动泊车辅助系统的工作过程

① 激活系统。汽车进入停车区域后缓慢行驶，人工开启自动泊车辅助系统，或根据车速自动启动自动泊车辅助系统。

② 车位检测。通过车载传感器获取环境信息。车载传感器主要采用测距传感器（如超声波雷达）和视觉传感器（如摄像头）识别出目标车位。

③ 路径规划。根据所获取的环境信息，电子控制单元对汽车和环境建模，计算出一条能使汽车安全泊入车位的路径。

④ 路径跟踪。通过转向角、油门和制动的协调控制，使汽车跟踪预先规划的泊车路径，实现轻松泊车入位。

自动泊车辅助系统在泊车过程中，需要驾驶员控制制动踏板、加速踏板及排挡杆，转向盘操作由计算机完成，目前在国内已装备于量产车型。而全自动泊车技术在泊车过程中，不需要驾驶员控制汽车的任何操作，所有泊车过程全部由电脑控制，目前在国内处于测试阶段。

（4）自动泊车辅助系统的应用

① 吉利博瑞自动泊车辅助系统。吉利博瑞自动泊车辅助系统如图 8-79 所示。挡位处于 D 挡或 N 挡，车速小于 30km/h 时，短按自动泊车键，并打开转向灯，选择车位方向后，则车辆开始通过雷达扫描车位，并根据车位大小自动识别垂直或水平车位。当满足水平和垂直车位两种状态时，默认选择水平泊车，并可通过手动进行自主选择，30s 内未做选择，则视为水平泊车。自动泊车（速度不高于 5km/h）过程中，如探测到障碍物，系统会自动制动，且制动时具有"舒适"和"紧急"两种模式可选。

图 8-79　吉利博瑞自动泊车辅助系统

② 蔚来全自动泊车系统（S-APA）。蔚来全自动泊车系统（S-APA）是利用超声波雷达检测车辆与路缘、物体及其他停放车辆的距离，来辅助停车的技术，也支持水平车位泊入和垂直车位泊入，如图 8-80 所示。当搭载全自动泊车系统的蔚来 ES8，以小于 15km/h 的速度前进，且车辆与目标车位之间的距离介于 0.5～1.5m 之间时，系统会自动对两侧车位进行搜索。当系统搜索到合适车位后，即可刹停车辆，确认周边情况安全后，将车辆挂入 R 挡，点击中控屏上方"开始泊车"按钮启动全自动泊车。泊车过程不需要人为切换挡位和控制车速，车辆可自动完成泊入动作。

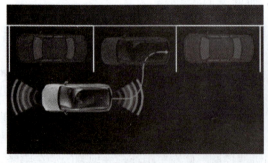 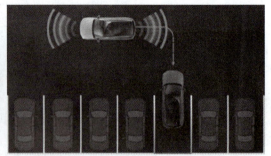

(a) 水平车位泊入　　　　　　　　　　　　(b) 垂直车位泊入

图 8-80　蔚来全自动泊车系统（S-APA）

③ 奥迪一键自动泊车系统。奥迪自动泊车辅助技术通过智能手机上的应用程序"一键自动泊车"来完成。当驾驶员将车辆开到停车场的入口附近时，驾驶员下车拿出手机，然后只要

简单地点一下屏幕，就可以转身离去，随后车辆开始自行启动，进入停车场寻找停车位，如图 8-81 所示。

图 8-81　奥迪一键自动泊车系统

④ 沃尔沃自动泊车系统。沃尔沃的自动泊车系统（图 8-82）不需要驾驶员在车内即可实现泊车。与奥迪的一键自动泊车系统类似，沃尔沃通过智能手机来控制车辆的入库与出库，但这种方式是通过车辆与车库之间的通信来实现的，所以控制车辆做出动作只能在安装了感应器的车库内进行。这实际上是一种车辆间和车辆与设施间的通信技术。

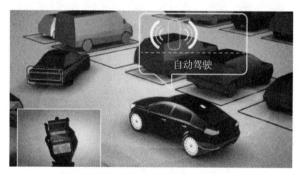

图 8-82　沃尔沃自动泊车技术

⑤ 禾多科技的智能代客泊车（HoloParking）技术方案。禾多科技智能代客泊车示意图如图 8-83 所示，用户可以在停车场门口下车，并且打开 App 让车辆自己去寻找空闲的车位，自己完成倒车入库的任务。而在取车的流程中，用户可以通过手机 App 召唤车辆，即激活车辆的自动驾驶状态，让车辆驶离车位，驶向用户预约的地点。

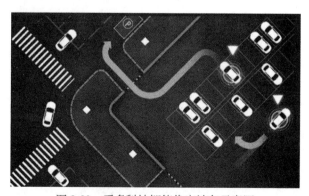

图 8-83　禾多科技智能代客泊车示意图

禾多科技智能代客泊车系统架构如图 8-84 所示，后端系统与手机、车辆之间进行交互、控制，同时也完成多传感器的融合，并进行云端数据的同步。

图 8-84　禾多科技智能代客泊车的系统架构